JN303028

市民の考古学—9

日本考古学の現在

山岸良二

同成社

まえがき

「最古級の遺跡となるか?」「おどろきの謎の遺構を発見!」「史上稀な不思議な遺物が出土」といった考古学や遺跡・遺物をめぐる大活字の言葉が新聞紙上を賑わすことがよくある。

このように「考古学」という言葉の響きにはさまざまなロマンが隠されているといえる。

そのため、現在でも全国各地で開かれる「遺跡見学説明会」や「博物館の考古学遺物展覧会」などには多くの人びとが訪れる状況が続いている。

2009年春に東京で開催された「阿修羅像」の展覧会には、平日でも館外に延々と行列が続く状態が何日も続いた。また、1998年に「邪馬台国」問題で注目された33枚の「三角縁神獣鏡」が出土した奈良県の黒塚古墳で行われた一般向け説明会には、雨天にもかかわらずJRの臨時列車が運行されたり、屋台や書店の出店が並んだりした。

かつて、1年間になされる発掘調査の件数は日本全国で1万か所を超えるほどであった。これは、単純に考えると「毎日1都道府県で必ず1か所以上の発掘調査」が行われていることになる。しかしながら、この発掘調査された遺跡の90%以上が調査後には破壊され、今日我々が見ることができないという事実は意外と知られていない。

底知れぬ魅力をもつ「考古学」の表面的な華やかさとは裏腹に、破壊されて2度と見ることのできない遺跡や古墳との葛藤が繰り広げられているのが実態である。

本書は、今日まで既刊されている数多い考古学入門書とは異なり、遺跡の見学会や説明会、博物館の展覧会などに携帯して実際に遺物や遺構を見るときの一助になればと意図して執筆された一書である。多くの考古学ファンに手にとっていただければ幸いである。

2011年2月

著　者

目　次

日本考古学の現在《いま》

序章　時代に伴った考古学研究の変化

今日の考古学

かつて考古学とは、その名称が示すように「文字の発明されていない古い時代」の事物を対象として研究する学問と考えられていた。

そのため、この学問の先進地であるヨーロッパでは「石器時代」「青銅器時代」「鉄器時代」という古典的な３区分法が提唱され、この区分自体は原則的には現在までも継承されている。ヨーロッパの学問を継承した日本においてもまた、この区分に従って「旧石器時代」「縄文時代」「弥生時代」「古墳時代」と考古学上の事物を時代名称の中核においての「時代名」が採用されてきた。

しかしそれと同時に、昭和初期の法隆寺若草伽藍発掘や、その後の平城宮跡保存運動など完全に歴史時代に入った「奈良時代」「平安時代」の研究においても考古学的発掘調査の成果がきわめて有効に活用できることが、古くから確認されてきた。また1961（昭和36）年に発見されて大きな反響をよんだ広島県福山市の草戸千軒遺跡の調査がきっかけとなって、中世や近世の遺構調査にも積極的な考古学手法が採用されるようになった。

調査中の草戸千軒遺跡

今日では「江戸考古学」と呼ばれる新分野も確立され、さらに広島市の「原爆ドーム」が世界遺産登録されるとの話題から、1990年代からは「戦争遺跡の考古学」も全国各地で、草の根的な運動の成果ではあるが、確実に進捗している。沖縄戦における旧日本軍病院跡、東京湾に面した沿岸砲台跡、旧満州の日本軍要塞跡など、考古学的研究法でこれらの戦跡分析が行われている。

現代の考古学研究は対象を原始・古代に限定することなく、

歴史的遺跡全てにたいして拡大しているのである。

近年の考古学研究の動向

かつてバブル期には年間1万件をはるかに超える発掘調査件数が記録されていたが、平成不況さらに2008年のアメリカ発リーマンショックの影響で、現在、全国的な発掘調査件数は急減している。

地方では地区埋蔵文化財センターの規模縮小、人員整理の波も押し寄せている。なかでも神奈川県では、1998年に「県立埋蔵文化財センター」（発掘調査から整理作業、報告書作成作業までを一貫して実施する機関）が廃止され、「かながわ考古学財団」（埋蔵文化財の管理を一括でおこなう機関で保管や一般普及や公開も実施する）に統合された。ところが、2005年にはこの「かながわ考古学財団」を県主導の第3セクター以外の法人への移管が表明されたのである。つまり、現在「同財団」がもつ業務のうち「発掘調査業務」だけを県の監督が行き届かない民間企業を含む機関・団体へ委託しようとする趣旨である。この方針が実行されると、県の文化財担当職員が発掘調査業務を体験できないことになり、県内で実施される発掘調査遺跡への管理要員の増員が必要になる点や、あるいは埋蔵文化財の発掘調査から保管・管理・活用までの一体的な流れが喪失する危惧が指摘されている。

このような県や市の文化財関係業務を民間を含めた機関や団体に委託する動きは、2005年度からのいわゆる「小泉構造改革路線」で提唱されてきた国の大方針であった。「考古学」の世界が世間の大きな経済動向などと密接な関係があることを如実に示しているといえよう。

登呂遺跡の発掘調査費用を国庫から補完してもらうことを目的に創立された、わが国最大の考古学研究者学会である「日本考古学協会」が創立して50年、さらに法隆寺壁画が失火で失われた災禍を契機に制定された「文化財保護法」成立から60年を迎えようとしている現在、日本の考古学研究の動向を時代、およびテーマごとに概観してみたい。

第1章　旧石器捏造事件とその後

1　日本列島の旧石器文化

今から400万年以上も前に地球上に現れた人類は、その後世界各地に拡散していく。そして5～3万年前ごろになるとアジア大陸から日本列島にも渡来したと思われる。この渡来した人類がもたらした文化が、単純な打ち欠いただけの石器類を主に使用した「旧石器」文化だが、かつては日本にはこのような古い「旧石器文化」は存在しないと考えられていた。

しかし、第2次世界大戦の敗戦後まもない1946（昭和21）年、民間の考古学者相沢忠洋氏が群馬県笠懸村岩宿の切通しで赤土の中から1片の「石器」を発見する。従来の考えでは、赤土＝関東ローム層（約2万5000年前ごろ生成された）は火山灰土のため、人類が生活できる環境にはないと考えられていたので、その中に人工物の存在をみつけたことは快挙であった。そして、1949（昭和24）年には、岩宿遺跡に初めて考古学調査のメスが入り、学術的にも明確に日本列島に旧石器文化が存在したことが証明されると、各地に同様な時期の遺跡が多数発見されるようになる。

その一方で、この時代の「呼び方」自体をどうするかという

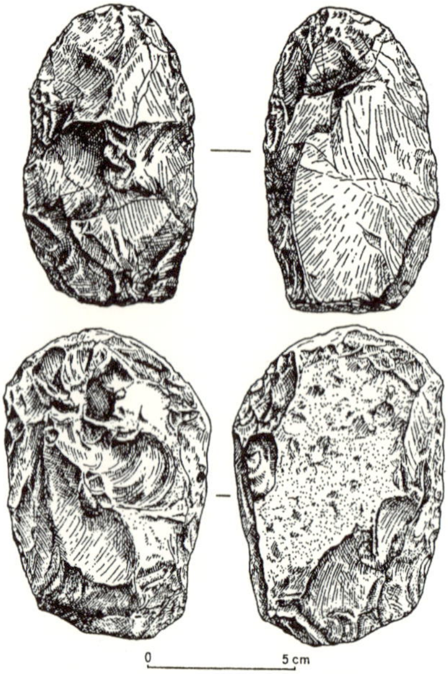

相沢忠洋氏が発見した旧石器

根本的な問題も出てきた。すなわち、これをヨーロッパの「旧石器文化」と同種類のものと考え「旧石器時代」と呼ぶべきとする説と、日本で発見される石器群の中にはヨーロッパの旧石器遺跡には存在しない磨製石器を伴う例が多いので、これはわが国独自の文化であると考え、縄文土器文化が生まれる以前の時代だから「先土器時代」「無土器時代」「先縄文時代」などと呼ぶべきとする説など、さまざまな議論がなされた。

このため、考古学界においても積極的に旧石器文化自体の存在を認めようとする動きは鈍いものであった。岩宿遺跡調査から5年ほど後に行われた東京都の茂呂遺跡の調査などで旧石器の発見が報告されるようになり、ようやく旧石器の存在が広く認知されるようになったのである。

2　前期旧石器の相次ぐ発見と捏造の発覚

1960（昭和35）年代に入るといわゆる「前期旧石器存否論争」が起こるが、これはある大学グループが調査した大分県早水台遺跡の石器をめぐって、これを旧石器とする研究者と、かつて同僚だった研究者が中心となった別のグループとの間に意見対立が生じたものであった。

その後も一貫して「前期旧石器」の存在を主張するグループは、主として東北地方を中心に「前期旧石器」遺跡の発見に精力を傾ける。その結果、1970（昭和45）年代になると宮城県座散乱木遺跡の発見を契機に一挙に30万年前、50万年前というアジア大陸の北京原人段階と匹敵するほどの古い前期旧石器遺跡が続々報告されるようになり、世間の注目を浴びるようになった。

だが、2000（平成12）年11月5日、毎日新聞朝刊は1面のトップで大きく「旧石器捏造」の記事を掲載する。日本に70万年以上前の旧石器文化存在を証明した宮城県上高森遺跡の石器が、実は調査副団長の捏造であったことを証拠の写真などと一緒に詳細に報じたのである。その後、他の考古学専門家の調査によりこの「神の手」と呼ばれていた調査副団長がそれまで

2000年（平成12年）　11月5日　日曜日

旧石器発掘ねつ造

宮城・上高森遺跡

調査団長の藤

自ら埋める「魔がさした」

旧石器捏造を報じる毎日新聞の記事（2000 年 11 月 5 日）

に関与した遺跡が全て捏造だったことが判明した。これがいわゆる「旧石器捏造事件」の発覚で、この時点までに全国で約 4000 カ所の旧石器遺跡が報告されていたが、その後の精緻な検証によりそのうちの 200 以上の遺跡が抹消されることとなった。

この事件後、日本考古学協会は捏造問題解明のために「前・中期旧石器問題調査研究特別委員会」を設置し、4 年間をかけて疑惑の遺跡を全て検証するが、その結果は衝撃的なもので、全ての遺跡がクロと断定されたのであった。この副団長が関与した遺跡は全てが捏造だったことになる。2006 年の日本考古学協会による「前期・中期旧石器時代検討委員会」の報告によって一応の幕引きがなされたのである。

その後の再検討調査において、日本列島における旧石器文化は世界史的にみる何十万年前という「前期旧石器時代」の遺跡は存在せず、紀元前3万年ぐらいに「局部磨製石斧」や「ナイフ形石器」などを保有する独特な文化、すなわち「中期旧石器時代」に該当する文化が中心であったとされている。

3　それでも前期旧石器の存在を求めて

一方、このような動きと併行しながらも全国の旧石器研究者の中には疑念のない遺跡探求のために尽力する人たちがいた。

そうしたなか、2003年には岩手県金取遺跡で約8～9万年前の旧石器が発見され、さらに長崎県入口遺跡でも確実に8～12万年前と思われる旧石器が確認された。この入口遺跡では石器3点を「光ルミネッセンス年代測定法（石英・長石など鉱物に光を照射して発光するルミネッセンスが被爆した放射線量に比例する性質を使った年代測定法）」で分析し、この数値を摘出しており、年代観の疑念はない。

2002年と2004年に発掘調査された茨城県の小組遺跡では、この時代一般に加工しやすい石材として「黒曜石、頁岩、安山岩」などが使われるのにたいして、硬い「水晶石」を大量に使った石器が出土した。その数は2千点以上で、「尖頭器」と呼ばれる完成した道具から、それを製作する途中の段階の未製品までさまざまな水晶遺物が発見された。このため、この遺跡では、水晶の原石から製品まで一貫して製作する場所であったと推測されている。年代的には、約1万3000～4000年前の旧石器時代後半と考えられている。

千葉県の十余三稲荷峰遺跡は成田空港の暫定滑走路拡張工事に伴って発掘調査が実施された遺跡である。ここからも、約1万3000年前の旧石器時代後期にあたる黒曜石製の「細石刃」が2000点以上も出土した。さらに驚くべきことに、「蛍光X線分析」によれば、この黒曜石が長野県の和田峠産であったことが判明した。すなわち、直線距離にして200㎞も離れた地点から石材を運んできて、この地で石器の加工していたことになるのである。

2009年には島根県の砂原遺跡で明確に今から12万年前と思われる旧石器群が発見されたが、これらの石器群にたいしてもその加工痕などに疑問をもつ研究者も多く、この時代の石器そのものの検討課題はまだ多く残されている。

今後は、朝鮮半島やシベリア地域の「旧石器文化」との関係をどう考えるかという問題が残されている。対馬海峡やサハリン地方との関係を、石材や技法の伝播という視点からどう解釈していくかという問題である。また、「技術組織論」と呼ばれる石材の調達や石器加工時に残される剥片の広がり、そして石材への2次的な加工の方法などを遺跡から出土する「石器」の組み合わせなどから考察しようとする研究方向、さらに「技術構造論」と呼ばれる各地域における石器の種類や形式を細かく分析することで旧石器集団が有する独自の体系をモデル化して差異をみようとする研究、などが盛んに討議されている。

このように現在では、今から約５～10万年前の「中期旧石器時代」くらいまでは、ほぼ間違いなく日本列島に旧石器人が生活していたと検証されており、ささやかながら旧石器文化研究が再構築されようとしているのである。

第2章　縄文時代研究の動向

1　縄文時代研究の流れから

1877（明治10）年に来日したアメリカの海洋生物学者エドワード・シルベスター・モースが、開通まもない陸蒸気鉄道に乗って横浜から新橋に向かう途中、大森駅付近の崖面に貝が集中的に散布していることを目にして、後日、発掘調査したのが大森貝塚である。

モースは調査後この発掘調査報告書を英文でまとめることになり、その中で出土した一連の土器群にたいして英語で「コードマークドポタリー」（縄・紐付き土器）と命名した。さらに、数年後この報告書が明治天皇に天覧されることになった際、土器名を日本の学者たちが翻訳して「縄紋土器」と呼称するようになった。「縄紋（縄文）土器」の名づけ親はモースなのである。

その後、日本全国各地で多くの縄文遺跡が発見されるようになるが、関東圏で明治から大正にかけて大いに注目されたのが千葉県の姥山貝塚である。この貝塚では1926（大正15）年、東京帝国大学人類学教室の発掘によって20軒の完全な竪穴式住居と15体以上の人骨が出土したが、この報告が新聞にのる

モースの発掘報告書に描かれた大森貝塚の発掘風景

と、多くの見物客が押し寄せ最寄りの駅から遺跡まで延々と続く見物人の列ができたと言われる。しかも、当時来日中のスウエーデン皇太子・グスタフアドルフがわざわざこの遺跡にやってきて、自ら発掘に参加するとあって、この貝塚は海外にまで広く知られるようになった。

この折の調査では、ひとつの竪穴式住居の床面から5体の人骨が発見されたが、当初、これらの人骨がこの住居に生活していた家族群と考えられ、「フグ中毒説」「洪水説」「感染病説」「家屋崩壊説」「地震圧死説」など推理小説さながらの諸説が提示された。現在でもこの人骨出土状況が基本的な一竪穴式住居の居住人員数研究の原点となっている。

縄文集落の規模を考える場合、近年まで数軒から 10 軒ぐらいの竪穴住居が同時期に存在してひとつのムラを構成していたと考えられていたが、その平均的な考えを大きく変えた遺跡が青森県の三内丸山遺跡である。県営野球場の建設地とされたこの遺跡では、1992（平成 4）年から本格的な発掘調査が開始されると、竪穴式住居跡をはじめ大型掘立柱建物跡、墓と思われる土坑群、盛土遺構などさまざまな遺構とダンボール 4 万箱以上という大量の遺物が出土する。そして、この遺跡の中央部において、直径約 2m、深さ約 2m という大柱穴が柱間隔 4.2m で 6 穴出土し、柱穴内からは直径 1m のクリ材が発見されるが、これらの木は高さ 10m 以上になる巨木だったのでは、と推定された。そのため、県は急遽当初の計画を中止し、調査体制も万全にして本格的な発掘へと進展していった。その後、遺跡の内容解明も順調に進み、ここが 1500 年以上も継続使用された縄文前期から中期の大集落で、最盛期には 500 人を超える人びとが生活し、周辺でクリなどを人工栽培していた可能性も指摘されている。

このように数千年間にわたって縄文集落が営まれるようなケースは、その後の新潟県の奥三面遺跡の調査でも証明され、従来短期間に少人数のムラ人が移住を繰り返したと考えられていた「縄文ムラ」のイメージが大きく変わったのである。

一方、1962（昭和 37）年から日本考古学協会内に「洞窟遺跡の研究調査」部会が設立され、日本における縄文文化の起源

三内丸山遺跡

や石器文化の起源を探究する目的で、大分県聖岳洞窟、長崎県福井洞窟、愛媛県上黒岩岩陰遺跡など西日本を中心に洞窟調査が実施されてきた。上黒岩岩陰遺跡では江坂輝弥氏が「縄文ビーナス」と呼ばれる扁平な石に女性像が線刻されている遺物を発見して注目されたが、2007年になって国立歴史民俗博物館のグループが、改めてこの上黒岩洞窟の出土品などを再検証する研究を始めている。

一方、縄文人骨に関する研究においても近年、大きな進展がみられる。火山列島である日本は、国土の大部分に火山灰に覆われた酸性土壌が堆積しているため、人骨のような有機質は残存性がきわめて悪く、沼沢地、低湿地、貝塚などアルカリ性の高い場所以外では発見されない状況となっている。そのため、縄文貝塚からの人骨発見例は古くから報告されてきた。

1987（昭和62）年、長野オリンピックに関係する高速道路建設に伴い長野県の北村遺跡が調査され、469基の縄文時代中期から後期にかけての墓から人骨300体以上が発見された。河岸段丘上ながら、微アルカリ性の地下水に覆われたためこれほどよく残存したと思われる。人骨を精査した結果、「虫歯率」が1%にも満たない点が注目されたが、研究者は北村縄文人が動物質食料よりも日常的に植物質食料を多食していたためではないかと考えている。従来の貝塚や低湿地以外での大量人骨出土は縄文人研究に多大な貢献をした。

1997（平成9）年には千葉県の下太田貝塚で100体を超える縄文時代中期から後期の人骨が発見された。谷底の低湿地であったことが、これだけ大量の人骨を巧みにパックして保存していたようである。中期には下半身部を折り曲げて土坑の中に埋葬する「屈葬」、後期には体をまっすぐ伸ばした「伸展葬」と数体をひとつの土壙内に埋葬した墓が多くみられたが、このように、時期によって埋葬方法が異なる墓が同じ地点で発見されるケースもめずらしく、この場所が何代にもわたって「ムラの共同墓地」として意識されていたと推定されている。

一方、三内丸山遺跡で注目されたような大土木工事の痕跡はその後も各地で報告されている。

1993（平成5）年、栃木県の寺野東遺跡で直径165 m、盛土幅15～30 mのドーナツ状の「環状盛土遺構」が発見されたが、縄文時代の後期から晩期にかけて、数千年間にわたって少しずつ土器や土偶片、石器などを土とともに盛り上げたもので、その後、関東地方を中心に10ヶ所以上の遺跡で同じ類例遺構が確認された（次項参照）。

そもそも縄文時代にこのような大規模な土木工事ともいうべき遺構が作られていることが注目されるようになったのは、日本海側でも石川県のチカモリ遺跡や同じく真脇遺跡での円形遺構の発見が相次いだことにある。

1982（昭和57）年、真脇遺跡で晩期に属する「環状木柱列」遺構が発見された。直径約7.5 mの円形状に8～10本のクリ木柱が線対称に配置され、出入り口部と思われる地点も検出された。この遺跡では中期に属する「イルカ骨」が累々と層状になった状態で発見されており、回遊魚であるイルカの習性を熟

寺野東遺跡の環状盛土遺構

知したうえで、縄文人が海に出て大量のイルカを漁獲したものと考えられている。このような「環状木柱列」遺構はその「イルカ漁」とも関係の深い祭祀遺構かと思われる。この種の遺構がチカモリ遺跡で1980年に発見されたのを端緒に、北陸地方を中心に10ヵ所以上報告されている。

2　環状列石と環状盛土遺構

縄文時代にはしばしば、円形基調で遺構を構築する傾向があるように思われるが、その代表的遺構がいわゆる「環状列石」（ストーンサークル）である。代表的なものは1931（昭和6）年に発見された秋田県の大湯遺跡であるが、この遺跡は1951（昭和26）年になって本格的な調査が実施されて国特別史跡に指定され、1998（平成10）年から保存と活用のために史跡整備事業が実施されている。

大湯遺跡は、「万座」「野中堂」と呼ばれる2つの環状列石遺構を中心に、方形配石、環状配石、土壙などで構成され、さらに最近の調査ではその周囲に方形の建物跡が新たに検出された。また、2重の環状の間に組石遺構があり、環状の中心とこの組石遺構を結ぶ線がほぼ「夏至の日の入」方向を示していることが確認され、天文学的な知識を持っていた縄文人たちがこの日に何らかの儀式を行っていたのではないか、という大胆な仮説も提起されている。さらに、環状部の土壙内の土壌を分析したところ「人の埋葬痕」が明らかとなったため、この遺構が縄文後期代の「集団墓地」であったことも確定した。

この「環状列石」遺構として近年注目されたのが、1996（平成8）年に発見された秋田県の伊勢堂岱遺跡で、4基以上の大小の環状列石が確認された。1基の大きさは直径45～30 mでその内外に100基を超える土坑が検出され、その中からキノコ状土製品や鐸形土製品など特殊な遺物が多数出土している。

また、2003（平成15）年には北海道の鷲ノ木5遺跡でも火山灰に覆われた縄文後期の環状列石が発見された。三重の列石が楕円形に配列され、外側の列は直径約37 mの規模であったが、隣接して土坑墓群も発見されており、秋田県大湯の環状列石と同じような組み合わせ形態を示していることが判明した。この遺跡でも土坑内から、伊勢堂岱遺跡で発見されたものと同様のキノコ状土製品が出土している。

これら2つの遺跡は共に道路建設に伴って発掘調査されたものであったが、特殊な環状列石の検出により保存運動が起こり最終的には保存されることとなった。

一方、2000年代に入って、関東地方で注目されたのが「環状盛土遺構」である。これは、三内丸山遺跡で発見されて一躍注目されたものであるが、環状に何年もの間盛り土を築造し、その中に大量の土器類、石器類、焼土灰、骨粉などの廃棄物を溜め込む遺構である。古くは、前述のように1993年、栃木県

伊勢堂岱遺跡の環状列石

の寺野東遺跡で直径165mにもなる遺構が発見され、研究者間ではその解釈が話題にはなっていたが、千葉県の井野長割遺跡(国指定史跡、長径160m×短径80mの楕円形)、同じく三輪野山遺跡、三直貝塚、埼玉県の馬場小室山遺跡などで相次いで報告され、研究分析作業が進んでいた。ある意味では、「貝塚の盛り土版」ともいうべきもので集落の廃棄物を積み上げた結果ではあるが、貝塚同様なぜ「環状」にするのかという意味や、その行為自体の廃止時期の経過などまだまだ不明な点の多い遺構である。

3　湖底で発見された遺跡

近年の縄文時代研究は、かつて盛んであった「土器」研究よりも、周辺科学との関連研究に重点が置かれるようになっている。そのひとつが、湖沼や海運流通などに関する研究である。琵琶湖周辺で1952(昭和27)年、砂利採取業者が偶然獣骨などをすくい上げたことで発見された粟津湖底遺跡が、1990(平成2)年からの本格的調査で縄文中期代の3つの貝塚と周辺の遺跡で構成されていることが判明した。この遺跡は湖底にあったため、有機性の遺物が腐敗せず残存しており、「籠状編み物」「木製漁労具」「組紐」「漆塗り櫛」「漆塗り腕輪」などが植物残滓物と一緒に多数発見された。しかも、土層の残りもよく、その中から当時の縄文人の食料資源が再現できる豊富な出土状況となった。それらを分析したところ、この遺跡に関わる縄文人たちがカロリー比率「トチノキなど堅果類」4割、「フナなど魚類」2割、「シジミなど貝類」1.5割、「イノシシなど獣類」0.9割とバランスの良い食事を摂っていたことが分かった。

縄文時代の食料研究は渡辺誠氏らの精緻な分析から、現在では漁労（イルカ、クジラなども含めての魚類)、狩猟（シカ、イノシシなどを落とし穴などで獲る)、採取（ハマグリ、シジミなど貝を干して、クリ、ドングリなど木の実を採取しアク抜きして食料に）といった季節に合わせた複合的な獲得行為が行われていたことがわかっているので、今回の結果からさらに湖沼域の縄文人食料獲得状況が判明したことになる。2008年3月に千葉県の西広貝塚の調査成果をめぐるシンポジウムにおいて、膨大な貝資料分析（貝塚の土を全て採集してきて洗浄する）から当時の食料獲得状況が報告されているが、こうした詳細な分析作業が縄文人の食卓を復元を可能にしている。

4　縄文時代の丸木舟

現在、日本の考古学の中でも縄文時代の研究は最も活発に行われている感があるが、国立歴史民俗博物館が積極的におこなっている「AMS　C14放射線年代測定法」を使っての年代再考作業が縄文時代にも進出してきており、全国各地の資料について、その測定作業が積極的に実施されている。その結果、滋賀県入江内湖遺跡で縄文早期～前期の土器群と一緒に出土した「丸木舟」や「漆塗り木製容器」などについて、5400～

5630年前という数値が出たりもしている。あるいは、関東、東北、中部など編年体系が成立している地域の縄文土器を丹念に再計測した結果、たとえば東北地方では前期と中期の境界線についての年代観は従来の土器型式と一致したものの、中期と後期のそれについてはややズレがみられるなど、これらの「整合性」をどう調整していくが今後の課題となっている。

ところで、縄文人の交易・交流を考える証拠として注目されているのが「丸木舟」の存在である。青森県の三内丸山遺跡では、遺跡周辺では出土しないコハクや黒曜石、ヒスイなどの石製品、南海産イモ貝が出土したことが注目されたが、遺物を分析した結果、ヒスイの原石は新潟県の糸魚川周辺、コハクの原石は岩手県の久慈周辺、また鏃の固定に使われたアスファルトは秋田県から運ばれたことがわかった。縄文時代にはこのように石材がかなり離れた地域から運搬され、その手段に「丸木舟」が使用されていたことは古くから知られていた。

縄文の丸木舟が多く出土する地域としては、琵琶湖周辺と若狭湾から島根県にかけての日本海側、千葉県の九十九里浜周辺があげられる。

1948（昭和23）年、千葉県の加茂遺跡で2隻の丸木舟と木製櫂6本が慶應義塾大学の清水潤三氏らの調査で出土した。これらは現存長4.8 m、幅60cmで、ムクノキ製の割竹形をしており、舟首先端部に小孔が2ケ所開けられていた。この資料は当時まだ試験段階であったC14年代測定をおこなうためアメリカまで送られ「今から約5100年前」という数値を得て、学界に大きな衝撃を与えている。

実はその前年に千葉市検見川泥炭地（現在の新検見川東大グラウンド）から偶然丸木舟 1 隻が発見され、その後さらに合計 3 隻の丸木舟が出土している。この遺跡が一躍有名になるのは 1961（昭和 36）年に出土した丸木舟の中から「ハスの実」が発見され、後日この実を東京大学の大賀一郎博士が「古代のハス」と断定し開花に成功させ、「大賀ハス」として知られるようになってからである。

千葉県ではその後も、縄文時代には内海であった旧椿海周辺（八日市場市から旭市にかけての地域）から多数の丸木舟の出土があるなど、現在では県内で総数 120 隻を数えるまでの発見がなされている。また、隣の東京都でも貝層の厚さが 6m もある中里貝塚から完全な状態で「丸木舟」が発見され、新聞紙面をにぎわしている。

日本各地で発見されている縄文時代の「丸木舟」は 450 隻以上と言われている。地域的には、島根県の宍道湖周辺、福井県の若狭湾周辺、滋賀県の琵琶湖周辺、宮城県の仙台湾周辺とならんで千葉県内で大量に発見されている。以下、「縄文丸木舟」研究についての最新の動向をまとめてみよう。

千葉県での「丸木舟」発見の歴史は日本における考古学研究の歴史とも大いに関係している。中でも、九十九里浜北東部の旧椿海（内湾）周辺地域に最も集中しており、約 50 隻の出土例が報告されていることから、この地域での「丸木舟」使用の頻度が高かったことが知られる。

滋賀県元水茎遺跡出土の縄文後期の丸木舟

その後も県内各地で「縄文丸木舟」の発見は続き、1953（昭和28）年には県東部の山武郡高谷川流域で慶應義塾大学が丸木舟、弓、櫂などを縄文後期の加曽利Ｂ式土器と共に発掘した。

1960年代に入ると県内各地で丸木舟の出土報告例が急増する。中でも、八日市場市を中心とする旧椿海近辺、栗山川・借当川流域など九十九里浜地域での出土例が多く、これらの出土例を標高マップに打ってみると、旧椿海周辺地域で海抜 4m 前後の地点で集中していることがわかる。つまり、この海抜 4m が当時の水際線を示していると推定される。

一方、この時期以降琵琶湖周辺や若狭湾周辺でも縄文丸木舟の発見が相次ぎ、福井県の鳥浜貝塚では前期に属する長さ 6m の丸木舟が櫂を伴って出土した。この舟も C14 年代測定にかけたところ「今から 5500 年前」という数値がでた。この数値は完全な丸木舟としては日本最古となるとマスコミでも騒がれた。同遺跡では「朱塗り櫛」「編み物」「縄」の一部なども良好な保存状態で残っていた。

最近の研究では、これらの形式分類と実際に原木材からどのように木取りをするのかという観点からも分析が行われており、その結果、琵琶湖周辺や千葉県の事例から丸木舟の舟首・舟尾の立ち上がりが緩やかで平面形で舟壁の深いタイプが「海洋航行用」、立ち上がりが比較的急で平面形の両端が丸く舟壁の浅いタイプが「内湾・河川航行用」と分類されている。

丸木舟研究は近年飛躍的に伸びている一分野である。

5　縄文時代の落とし穴

全国各地で発掘調査される縄文時代の遺跡から用途不明の土壙が検出されることがたびたびある。

1960 年代後半に長野県城乃平遺跡で 23 基の土壙が発見されたが、その深さや構造から「落とし穴」として用いられたものと推測された。その後も全国各地で同様な土壙は検出されるが、ほとんどの場合「用途不明」土壙とか、単なる「土壙」として報告され、特に注目されることはなかった。

その後、これらの土壙については「落とし穴」説と並んで、「墓穴」説や「炉穴」説、「貯蔵穴」説などが提唱された。堀越正行氏はこれらの状況を反映し、縄文時代の発見される小竪穴遺構をまとめて「墓穴説、採掘坑説、ねぐら説、捨て穴説、犬小屋説、落とし穴説、倉庫説、貯蔵穴説」などに集約した。

1970年代前半になると、神奈川県の霧ケ丘遺跡の発掘調査

霧ケ丘遺跡の落とし穴

で合計123基もの土壙が丘陵上に規則的に展開しているのが発見され、この調査以降「落とし穴」説が俄然有力視されるようになった。さらにその後、全国各地で開発に伴う発掘調査が増加し、同様な用途不明の土壙が多数発見されるようになった。中でも、多摩ニュータウンや港北ニュータウンに代表される首都圏周辺地域の丘陵部での発掘では、集中した状態での発見が相次いだ。これらの成果をもとに、「落とし穴」遺構の研究も進み、その構造や分類、さらには東京都の川島谷遺跡例のようにかなり明瞭な「ケモノ道」を想定しての復元など多方面からの分析もなされるようになった。

このため、現状の認識では一般的に「墓穴」遺構は何らかの副葬品にあたる石製品（石斧、耳飾類）や土器を伴う場合が多く、「炉穴」遺構は底部に焼土塊を伴う場合が多いとされている。これにたいして、「落とし穴」遺構では壁面が内側に大きくオーバーハングし、底部に大小のピットを伴う場合が多いと区別されている。

また、構築された時期についても、北海道から東北地方にかけては中期から後期に集中し、南関東地方では早期から前期に集中している。

このような中、北海道の「落とし穴」遺構を民族例などとの関連で考察した佐藤宏之氏は、大規模な追い込み猟として「落とし穴」が設置されたのではなく、「ケモノ道」の途上に設置された自動罠的要素の装置であると指摘した。捕獲対象のシカやイノシシの習性に合わせて「ケモノ道」と想定される陵線上に、大規模な「落とし穴」が各種設置されたのであろうと考えたのである。

一方「落とし穴」の詳細な分類については、近年213基もの類例が検出された栃木県の登谷遺跡の発掘調査報告書の中で、中村信博氏は大きく8時期と分析し、遺構の切りあい関係、および形態面から20分類の試案を示している。これらを簡潔にまとめると下記の分類となる。

Ａａ類　平面形態がほぼ長方形を呈する例
Ａｂ類　底面に柱穴状のピットをもつ例（2本以上）
Ａｃ類　〃　（1本）
Ｂａ類　平面形態が楕円形を呈する例
Ｂｂ類　底面に柱穴状のピットをもつ例（1本）
Ｃ　類　平面形態がほぼ円形を呈する例
Ｄａ１類　底面が幅狭の溝状を呈し、深さがほぼ一定の例
Ｄａ２類　〃　中央部が深くなる例
Ｄａ３類　〃　両端が袋状になる例
Ｄｂ１類　底面がやや幅広の溝状を呈し深さがほぼ一定の例
Ｄｂ２類　〃　中央部が深くなる例
Ｄｂ３類　〃　両端が袋状になる例
Ｄｃ１類　底面が幅狭の溝状を呈し屈曲する例
Ｄｅ１類　底面がやや幅広の溝状を呈し屈曲する例

ところで、千葉県成田市の木の根遺跡の調査では、発見された37基の「落とし穴」遺構から出土した炭化木材をC14年代測定にかけたところ、紀元前1万年という数値が示された。こ

の種の遺構が縄文時代草創期から早期にかけて構築されたことが理化学方面からも確認されたことになる。

次に「落とし穴」の配列状況を考察すると、静岡県沼津市の第二東名27号地点遺跡では後期旧石器時代の「落とし穴」遺構が10基ほど発見され、東西の尾根を横断するようにほぼ同標高上に配列されていた。このように、尾根部分を横断するように配列する遺跡はこの地域でも多数発見されており、いわゆる「ケモノ道」を熟知したうえでの配置と考えられる。

一般に狩猟の方法としては、追い込み猟と定置的な罠猟、追跡しながらの弓矢等による狩に分けられるが、「落とし穴」猟は比較的大規模な狩猟形態であったと考えられる。

このため上記のような「ケモノ道」を想定した遺構復元の研究は、古くは東京都町田市の川島谷遺跡の調査で実施されている。同遺跡第8地点では、総計56基の縄文早期から前期に構築された「落とし穴」遺構が検出されたが、これらは明らかに斜面を横断・縦断するようにいくつかのグループで構成されていた。あるグループは、標高80mラインから70mラインまで13基が縦断して配列され、他のグループでは標高75mラインに3基づつ2ケ所の配列が確認された。多摩ニュータウン内の遺跡群でも川に面する緩斜面の肩部にあたる地域では比較的「落とし穴」遺構の密度が高く、逆に緩斜面中央部では密度が薄くなる傾向がみられる。

千葉県では、大網山田台遺跡第4地点例のように180基以上検出された「落とし穴」遺構がほぼ均等に配列されていた場合と、同遺跡第5地点例のように明らかに方向性と間隔を意識して配列されていた場合とが確認されている。また、千葉市の土気南遺跡群ではどの地点でも検出された「落とし穴」遺構は原則的には標高ラインに垂直方向での配置が確認されており、なだらかな斜面を降りてくる獲物捕獲を目的に構築された可能性を示している。さらに市原市の新生萩原野遺跡では33基が大きく6地区で検出されたが、その形態面で明瞭な特徴があり、平面形態が楕円形の例（B類）と底面が幅狭の溝状を呈する例（D類）がある地区に集中して発見されている。報告者はこの違いを「狩猟する獲物の違い」か「仕掛けた人間の違い」か、いずれにしても狩猟方法に差異があったと指摘している。

このような「落とし穴」遺構の研究は縄文時代の食料資源問題を考えるうえで重要な要素となっている。

近年の縄文時代研究ではこの時期の生業研究において、かつて有力視されていた狩猟・漁労依存体制が否定的に考えられ、採集なり、栽培なりの生業もほぼ均等的なウエイトを保持しえいた可能性が指摘されている。

そのような中、関東地方では上述のように縄文前期代から「落とし穴」遺構を使用した「罠猟」の存在が知られており、これらが生業全体の中でどのような位置づけにあったかという研究が進められている。

縄文時代の各遺跡から出土する獣骨の分類と数量的な変化を分析することで、どの獣類を狩猟の対象としていたか、どの獣類ならば「落とし穴」罠での獲得が可能か、さらに前期後半になると全国的に「落とし穴」遺構の検出例が減少してくるが、この傾向は狩猟効率を上げるために道具の進化があったのか、または別の生業にウエイトが移管したのか、などと考えられている。

近年、動物考古学の分野から出土獣骨の歯のセメント質年輪分析から獣齢および捕獲季節推定の研究が進んでおり、この研究と「落とし穴」遺構の研究分析が進展すれば、縄文時代の食料獲得活動たる生業活動自体の詳細な状況が把握でき、さらには縄文人の生活復元研究にも多大な寄与をすると思われる。

6　貝塚研究の現状

日本は四周を海に囲まれているため、縄文時代にも重要な食料資源を獲得するため、丸木舟で大海に乗り出したり、海岸で貝類の採取をしていた人びとが、その痕跡を「貝塚」に残している。

「貝塚」遺跡は北海道から沖縄まで至るところで発見されているが、中でも現在「世界遺産登録」の話題がのぼっている東京湾沿岸地域、ことに埼玉県・茨城県・千葉県にかけて「大型環状貝塚」「馬蹄形貝塚」が多数発掘調査されている。三輪野山貝塚、堀之内貝塚、姥山貝塚、曽谷貝塚、藤崎堀込貝塚、加曽利貝塚、西広貝塚、三直貝塚など古くから著名な貝塚が多数存在している。

中でも加曽利貝塚は、直径130mでドーナツ形をした「北貝

加曽利貝塚と復元集落

塚」と、直径170mで馬蹄形の「南貝塚」とが連結した、日本一の規模をもつ貝塚である。この貝塚では縄文時代中期から人びとが生活をはじめ、晩期まで連綿と貝塚を作っていった。貝層の中からは、さまざまな貝類と一緒に魚骨、動物骨、ときには人骨も埋葬されている。また、貝層の下や周辺からは竪穴式住居跡も多くん発見され、貝塚が単なる「ゴミ捨て場」ではなかったことがわかる。

最近の研究では、貝塚の発掘において「貝層のある部分」をすべて剥ぎ取ってきて、その中身を何重ものフルイなどで細かく調査分析することが行われている。その結果、千葉県の西広貝塚では、約120万個出土した「貝」の80％以上が「イボキサゴ」、約6千個出土の「魚骨」は「イワシ」「マアジ」「クロダイ」の順に多く、約600個出土の「動物骨」は50％以上が「ニホンジカ」とであることがわかった。

また、茨城県の大谷貝塚は縄文時代前期から中期にかけて斜面に形成された貝塚遺跡であったが、出土魚骨の分析から前期中葉代に2割以上占めていた「スズキ」が、中期後葉代にはほとんど姿を消し、逆に「マイワシ」「ウナギ」で約8割を占める状況が判明している。さらに、貝類でも前期中葉代に6割以上占めていた「アサリ」が中期後葉代には激減し、逆に「ハマグリ」「シオフキ」類が6割以上を占めるようになる。この結果から、霞ヶ浦という内湾に面した同貝塚では、縄文人らが内海に回遊してくる「マイワシ」などを狙って漁を展開していたことが推測される。事実、シカやイノシシの骨角で製作した

「釣り針」「モリ」「ヤス」などの漁労具や、また網を垂らすオモリとなる「土器片錘」が1000点以上も発見されている。

このような、自然遺物の細かな調査と同様に「土偶」「石斧石棒」「貝輪」「骨角器」といった人工遺物の分析からも新たな「貝塚研究」が進んでいる。

ところで、貝塚調査の学史的な意味のある遺跡の再調査が最近多く実施されている。日本の考古学発祥の地である東京都の大森貝塚では、博物館建設に伴う範囲確認が実施され、その全貌が明らかにされている。2007年には「大森貝塚発見130年」を記念してシンポジウムも開催された。

同年にはこの大森貝塚の翌年に発見された東京都の西ケ原貝塚の再調査も行われている。西ケ原貝塚は中期から晩期にかけて形成された長さ約180mの「馬蹄形貝塚」である。今回の調査では、貝層周辺から9体の埋葬人骨が検出されたが、全身を伸ばした状態で埋葬する「伸展葬」と、折りたたんだ姿勢で埋葬する「屈葬」の両方が混在することが知られた。

近年最も注目された貝塚遺跡は佐賀県の東名貝塚である。これは早期後半という早い時期の貝塚で、6地点の貝塚から大量の自然遺物、ヤマトシジミやカキを中心とする貝類、ドングリ貯蔵穴、木製の編み物などが発見された。低湿地と貝層により、偶然にも有機物が保管されるという幸運に恵まれた、良好な貝塚遺跡といえる。

第3章　弥生時代研究の動向

1　登呂遺跡発掘にはじまる戦後の弥生時代研究

現在ではどの教科書にも必ず載っている弥生時代を代表する静岡県登呂遺跡だが、そもそもこの遺跡の発見は、太平洋戦争末期の1943（昭和18）年7月この場所に軍用機工場の建設が計画され、工事の開始にともなって大量の土器や木器、丸木舟

登呂遺跡で出土した水田址

が出土したことにはじまる。

戦争が終わって多くの考古学者が研究の現場に復帰し、「神話にとらわれない新しい科学的な考古学」をめざそうと考え、この登呂遺跡の発掘調査が企画された。

1947（昭和22）年に現地の研究者を中心に調査が開始されることとなり、国に予算を捻出させるべく働きかけ、その受け入れ団体として全国的な学会設立が必要となる。この団体として設立されたのが「日本考古学協会」であった。

1948（昭和23）年4月2日、東京上野の国立博物館小講堂で「日本考古学協会」（委員長・藤田亮策、設立会員81名、会友5名）の第1回総会が開催されるや、早速に「登呂遺跡調査特別委員会」が設置された。このような学界側の動きをうけて、国会でも特別決議を行って登呂遺跡の調査に予算をつけたので、同年7月から3年間にわたる発掘調査が開始されることとなった。

遺跡の最初の調査では、竪穴住居12棟、高床倉庫跡2棟および約10万㎡の水田跡などが発見される。このときの調査の成果はなんといっても水田と居住域が一体となった典型的な弥生集落が発見されたことである。このため、その後、弥生時代の集落といえば典型的な例が登呂遺跡と考えられるようになったのである。そのうえ、大量に出土した木製品の分析によりこの時代の生産工具製作の工程などもよくわかり、初期の研究に大いなる貢献をなした。

その後、1965（昭和40）年に東名高速自動車道の建設工事

土井ケ浜遺跡の弥生墓地発掘図

に伴って水田跡保存運動が起こり、その結果、高速道路は「橋桁高架型」に変更され、登呂遺跡は開発と文化財保護を考えるうえでも注目された。さらに1999（平成11）年からは5カ年計画で遺跡整備事業が実施されて、さらに多くの住居跡や倉庫跡が発見され、2010（平成22）年には新しい博物館も開館している。

登呂遺跡はこのように戦後の考古学研究にとって特別の意味をもつ遺跡であるが、この遺跡の調査ののち、全国各地で弥生時代の遺跡が多数発掘されることとなる。

1951（昭和26）年には山口県の土井ケ浜遺跡から出土した人骨・ゴホウラ製貝輪などが九州大学に持ち込まれ、一躍脚光をあびることとなった。その後1957（昭和32）年まで5次にわたる調査の結果、200体（現在では300体を超えている）を超す埋葬人骨が発見され、この遺跡が弥生時代前期から中期まで継続した墓地遺跡であることがわかり、土器形式が北九州地方の影響を強く受けていることも注目された。また、調査を担当した人類学者が出土した人骨の分析から、農耕技術をもった大陸からの移住者集団が日本列島に先住していた集団と混血したとする説を示して、大きな反響を受けたりもした。

その後、300体を超える人骨が発見された福岡県の金隈遺跡や、甕棺造営の末期あたる佐賀県の三津永田遺跡から出土した人骨などから、この説が検証され、「弥生人が縄文人を駆逐していった」とするそれまでの考えが大きく変更されることとなった。

2　さまざまな弥生文化の検証

登呂遺跡で始まった「水稲農耕」の研究は、1950（昭和25）年に福岡県の板付遺跡の発掘調査で弥生時代初期の水田跡が発見され、次いで1981（昭和56）年には佐賀県の菜畑遺跡で縄文晩期の水田跡や炭化米が発見されたことで大きな変革を迎えた。さらに、1999（平成11）年に岡山県の朝寝鼻遺跡でイネ独特のガラス質が検出され、「稲作農耕」の証明をめざす「プ

荒神谷遺跡で出土した多量の銅剣

ラント・オパール分析法」によって、縄文時代前期にあたる今から6000年も前から日本に「イネ」の存在したことが明らかとなった。栽培植物である「イネ」はかなり早い時期に日本列島に伝播していたのである。

「水稲農耕」とともに弥生時代のもうひとつの特徴である「金属器の使用」については、1984（昭和59）年に島根県の荒神谷遺跡で発見された358本の銅剣、ついで1996（平成8）年の同じ島根県の加茂岩倉遺跡における39口の銅鐸の出土といったトッピクスが注目された。これらの発見は、従来の「青銅器文化圏」の定説を大きく変更させただけではなく、金属器国内生産起源論にまで及ぶ議論を生むこととなった。そして、2007（平成19）年秋には長野県の柳沢遺跡で「銅戈」7本と「銅鐸」1口が同じ土抗から発掘されるが、長野県の北東部で、しかも同一土抗内からこれらが検出されたことで、従来の学説をまた揺るがせる発見となっている。

弥生時代の墓制を考えるうえで「戦後最大の発見」は、1964（昭和39）年の東京都の宇津木向原遺跡での「方形周溝墓」命名であろう。方形周溝墓は現在では北は宮城県から南は鹿児島県までほぼ汎日本的な広がりが確認される墓制となっている。

その後、弥生の墓制研究はいちじるしい発展をみせるが、2000（平成12）年、京都府の赤坂今井墳丘墓（長辺37.5m×短辺35m）が発見され、墳頂部にあった埋葬施設からガラス製勾玉30個以上、管玉180個が鉄剣など金属製品と一緒に副葬されていた。翌年には、同じく京都府の日吉ケ丘遺跡の長方形弥生墳

妻木晩田遺跡の住居址群

丘墓（長辺23m×短辺22m）主体部からは460個以上の管玉が水銀朱と一緒に発見され、この地域では大量の玉製品と金属製品を伴う「弥生墳丘墓」が多数存在していることが確認された。

さらに、1995（平成7）年に発掘調査が始まった鳥取県の妻木晩田遺跡では、150haを超える広大な面積で900棟以上の建物群、30基以上の「四隅突出墳丘墓」群、20基を超える古墳群なども発見され、佐賀県吉野ケ里遺跡を凌ぐ大遺跡と評価されたため、全国的規模での保存運動が起こった。最終的には、1999（平成11）年に全面保存されることとなり、また同年には国史跡に指定された。

1998（平成10）年、同じく鳥取県の青谷上寺地遺跡で、弥生時代初の「窓状木製品」をはじめとする大量の木製品、250点を超える鉄斧、ノミ、ヤリガンナ、銅鐸片などの金属製品、国内最多の95点の「卜骨」（シカやイノシシの骨を焼いて吉凶を占なうもの）などが出土し、バラバラに投げ込まれたような状態で発見された約65体分の人骨内から、保存状態の良い「弥生人の脳」が偶然発見された。内臓や脳の良好な残存はきわめてめずらしいものといえる。

3　吉野ケ里遺跡と邪馬台国論争

1986（昭和61）年から調査がはじまり、その後発見された内容の重要性から一躍有名となったのが佐賀県の吉野ケ里遺跡である。わが国初となる巨大な2基の墳丘墓とその主体部から

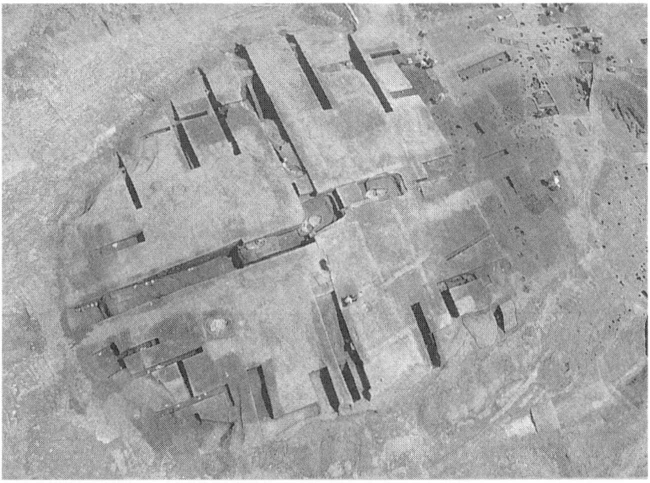

発掘中の吉野ケ里遺跡の弥生墳丘墓（上）と復元された遺跡

発見された豊富な副葬品、物見櫓が併設された何重もの環濠で囲まれた大集落群とその中央に建設されていた王族用の楼閣建物群など従来では予想できない遺構の数々だった。1991（平成3）年には異例の速さで国特別史跡となり、瞬く間に全国的な「吉野ヶ里ブーム」を巻き起こし、2005（平成17）年4月までに約260万人もの見学者が来訪している。

吉野ケ里遺跡が注目されたもうひとつの理由として、いわゆる「邪馬台国論争」がある。紀元後3世紀の中国史書『三国志』中に書かれている「邪馬台国」をどこに想定するかは、江戸時代から連綿と続く大論争である。

考古学的には、邪馬台国の所在地として次の3つの点が問題となる。

①記事にある「楼閣・城柵・宮殿など遺構」を伴う遺跡の発見
② 3世紀中葉（248年か249年）に没した卑弥呼の墓に規模や内容で合致する墳墓の発見
③卑弥呼に中国魏から下賜された刀、剣や毎回百枚とされる鏡の発見

この①に想定されているのが、大阪府の池上曽根遺跡である。遺跡自体は1954（昭和29）年に泉大津高校地歴部が調査して発見したもので、大規模な弥生時代の集落遺跡として知られていたが、1964（昭和39）年、国道建設調査によって全容が判明した。1992（平成4）年から本格的な発掘調査が行われ、畿内屈指の大環濠集落で邪馬台国時代の重要な「クニ」と考えられている。

池上曽根遺跡に復元された大型建物

この遺跡では、床面積133㎡、東西19m×南北7mという大型建物と付随する井戸（刳り貫き）が発見されたが、この残存していた建物の木柱根が弥生時代の年代観を大きく揺るがす大発見となった。すなわち、この柱根を「年輪年代測定法」で計測したところ「BC52年」という数値が示され、一緒に出土した弥生土器のそれまでの年代観が紀元後1世紀であったため、両者に約百年のズレが生じてしまったのである。これは現在問題となっている「弥生開始年代観再考」を促す契機となった発見である。

奈良県の唐古・鍵遺跡も①に想定される邪馬台国時代の大環濠集落として古くから知られていた。その後、1977（昭和52）年から現在まで約百次にもわたって調査が実施され、何条にも及ぶ環濠と青銅製品の鋳型などが多数出土している。発見され

唐古・鍵遺跡の復元楼閣

た土器に「楼閣風建物」を描いた絵画がみつかり、現在ではその建物を模した復元楼閣が遺跡に建てられている。

②に関しては、1985（昭和 60）年に公表された岡山県の楯築墳丘墓以降に「弥生墳丘墓」という概念が提唱され、各地で明らかな墳丘を持つ弥生時代の墓がこの概念の中に取り込まれていった。

奈良県桜井市周辺の纏向遺跡群に所在する 3 世紀代後半の墳墓群も「弥生墳丘墓」の一例で、時期的には最も「卑弥呼の墓」

として想定される範疇に入る。中でも、纏向石塚古墳が最古級と考えられ3世紀前半、続くホケノ山古墳、東田大塚古墳が同中葉から後半と想定されている。これらの古墳は2007（平成19）年に実施された調査でも、改めて全長が100mを超えていることが確認されており、この点でも中国史書の記述に合致している。現在まで九州地域にはこれだけ条件のあった墳墓が発見されていない点も、この纏向遺跡群の弥生墓が注目されている。

最後の③について、古くから研究者が着目していたのが卑弥呼に下賜された「鏡」群である。1920（大正9）年代から一部の研究者から日本の古墳から出土する「三角縁神獣鏡」が中国・魏の鏡であることが指摘され、1952（昭和27）年には小林行雄氏によって「三角縁神獣鏡同笵鏡分有関係論」が提起され、この「三角縁神獣鏡」が卑弥呼に下賜された鏡群で、後世中央の有力政治的権力者が各地域の首長に意図的に分配したとする説が一躍脚光を浴びた。

しかし、その一方で「三角縁神獣鏡は本当に卑弥呼に下賜された鏡なのか？」という点や、中国本土で1面も発見されないことから、「三角縁神獣鏡の製作地はどこか？」という問題、そして邪馬台国が畿内にあったとするならば「なぜ三角縁神獣鏡が大和内部で出土しないのか？」といった疑問が出されていた。

邪馬台国を九州と考える研究者は、下賜された鏡は北九州などで発見される「前漢鏡」「後漢鏡」類をその候補に想定している。一方、制作地については、中国王朝が海外朝貢国への「下賜専用特鋳鏡」であったため中国本土で未発見なのだとしている。

そうした折、1986（昭和61）年に京都府の広峯15号古墳から「景初四年」銘鏡が出土した。実は、魏の元号である「景初」は3年で終わり、翌年は「正始」と改元されているため、4年は存在しないことになる。つまり、この鏡の製作者は魏の改元を知らないか、改元が知らされない場所にいた可能性が出てきたのである。制作地問題はまだ謎だらけといえる。

三角縁神獣鏡は1998（平成10）年に天理市の黒塚古墳から33面、2000（平成12）年に御所市の鴨都波1号墳から4面発見されて、大和盆地中央部にもかなりのが存在していることが確認され、先の疑問点のいくつかは解決している。

黒塚古墳の鏡の出土状況

4　C14年代測定の波紋

弥生時代研究に関する2000年代に入っての最大の話題は、国立歴史民俗博物館から発表されたAMS炭素放射線年代測定法による弥生土器の年代観の大幅修正の問題である。これによれば、従来の年代観から500年以上も古くなるとの数値が示され、各方面に大きな反響と混乱を醸し出した。

同博物館の発表によれば、「水稲農耕」の開始時期が従来の紀元前5～4世紀代よりも400～500年ほど古くなる可能性を指摘している。これは、わが国おける「水稲農耕」開始期の土器類を計測した結果での数値である。同博物館は、その後も全国的な縄文土器についての計測作業を進めており、弥生時代開始時期の変動に伴う前時代との「整合性」をはかるべく研究を進めている。

しかしながら、この数値にたいしては従来説には固執しないものの、年代測定に土器付着のコゲなどを使用したことに対する「取り扱った資料の適切性」「選択した土器の恣意的な処理法」といった資料操作の手順についての疑問点や、「中国大陸での本格的鉄器普及以前に日本列島内に鉄器が存在することになる齟齬」を指摘する反論などが出され、その結果、数値にたいしての疑問・疑念を唱える研究者も多く、まだまだ結論はみ出せていない。

1980年代後半から、日本海側の島根県を中心に荒神谷遺跡での358本の銅剣出土、加茂岩倉遺跡での39口銅鐸出土と「青銅製品」をめぐる話題が豊富であったが、その動きは2000年代に入っても続き、京都府の大風呂南遺跡の墳墓からの鉄器副葬品大量出土、滋賀県の熊野本遺跡からの鉄製品大量出土と、「金属製品」の日本海側ルートともいうべき特別な伝播経路の存在が明らかになってきている。さらに、2008年に発掘調査された長野県の柳沢遺跡における近畿型・九州型の銅鐸類の発見は、「青銅製品」の分布とその保有集団との関係を探るうえで重要な岐路に研究が立たされていることを示している。すなわち、従来の「青銅品」の分布状況の再確認と、半島・大陸から伝播した同製品とその保有集団との関係と政治的な背景にも新たな視点での考察が必要になってきたことを意味しているといえる。

これまで、弥生時代の集団伝播は「水稲農耕」面が中心にみられていたが、ここに「青銅品」に代表される金属保有集団の伝播経路にも関心が必要になってきたのである。

この「水稲農耕集団」「金属器保有集団」と関係が深いと思われているのが「方形周溝墓」築造集団であるが、この墓制に関しても愛知県平手町遺跡で主体部の埋葬施設に「舟形木棺」を使用している例が2008（平成20）年に発見された。従来、「丸木舟」などを転用しての類例は大阪府の東奈良遺跡などでも発見されており、この墓制をもつ集団を考えるうえで重要な示唆となっていた。

鳥取県の青谷上寺地遺跡については前にも触れたように、低

青谷上寺地遺跡での窓状木製品の出土

湿地独特の出土品が従来の研究では欠けていた部分の分析に大いなる進捗を示している。中でも、「木製品」「木器」分野での最新研究に寄与するところははなはだ大である。戦前から奈良県唐古鍵遺跡では「木製高杯」が出土しており、早い段階から弥生時代の木製品に注目がされていた。かつて、登呂遺跡の調査でも同様な「木製高杯」が発見され、同じく静岡県の山木遺跡でこれに続いて発見された類例から、この時代に木製品がさまざまな用途に加工されて使用されていたことがわかったのである。ついで、千葉県の菅生遺跡や滋賀県などから「木製琴」も出土し、日常的な農工具、紡織具などだけではなく文化的・精神的・宗教的な分野でも木工技術が進展していたことがわかってきた。現在では、全国的な「木製容器」の製作工程やその組

成、製作技術の細部にまで研究の分析が及んでいる

5　新発見の「青龍三年銘」鏡と今後の鏡研究

2001（平成13）年秋、東京国立博物館で日本考古学会主催の講演会が開催された。演題は「新しく発見された青龍三年銘の鏡」で、考古学的な考察を車崎正彦氏、自然科学的な分析を平尾良光氏が担当した。

この新発見の「青龍三年銘」鏡は、個人所蔵品で、その存在が研究者に知らされたのは1999（平成11）年のことであったが、直ちに車崎氏を中心に東京国立博物館などが協力して詳細な研究が多方面から実施された。

これまでに「青龍三年銘」鏡は国内で2面出土している。

1面は、1994（平成6）年に京都府の大田南5号墳から、もう1面は1997（平成9）年に大阪府の安満宮山古墳からの出土で、両者は鏡径が17.4cmあり、ほぼ同じ大きさである。ちなみに重さは、完形で出土した大田南鏡が570g、一部欠損状態だった安満宮山鏡が545gである。今回報告された新鏡は鏡径17.38cm、重さ571gを計っており、先の2面とほぼ同じ数値を示している。

これら3面の鏡は、図像などの文様構成などもまったく同じで、紐の孔方向が少々ズレているだけであるため、いわゆる「同型鏡」「同笵鏡」と解釈することができる。しかも、鋳造時にできた笵傷などからこの3面の製作順番は大田南→安満宮山

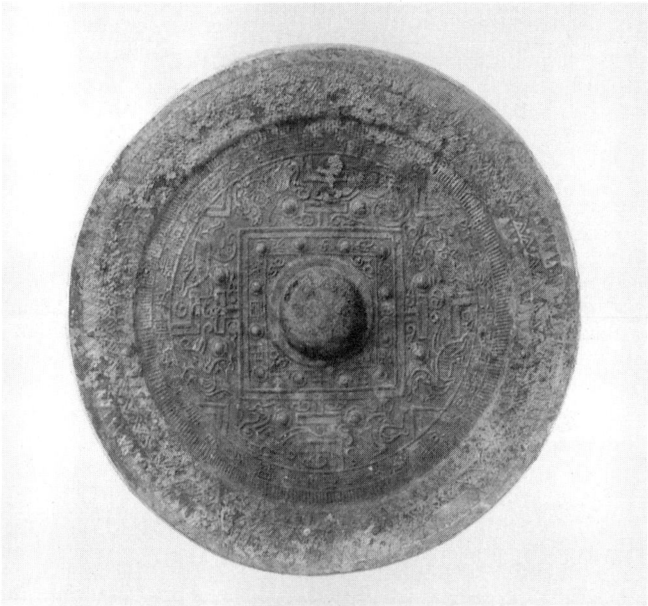

大田南5号古墳出土の青龍三年銘鏡

→新発見という推測も提示された。しかし、鉛同位体分析の結果は大田南鏡とは異なる成分比を示しており、平尾氏は同一材料では製作されていないことを示唆した。

「青龍三年銘」鏡が注目される理由は、鏡の形式と紀年銘にある。「青龍」は中国・三国時代の魏の年号で、その3年は西暦235年にあたるが、これは、現在まで日本国内で発見されている魏の紀年銘では最も古い年次を示す。また、3面の「青龍三年銘」鏡の型式は、「方格規矩鏡」とよばれるもので、中央の紐孔部を方形の区画で囲んでいる。その四方向にT字形が、さらにそれと対照するようにL字形が配され、そして方形の角に対比するようにV字形が複線文で描かれている。このため、「TLV鏡」ともよばれている。中国における製作年代は、後漢朝の前半からと考えられ、三国時代の魏からそれに続く西晋代まで製作されたといわれている。

魏の紀年銘鏡といえば、卑弥呼の鏡ではないかといわれる三角縁神獣鏡がわが国では古くから知られている。

大阪府の和泉黄金塚古墳出土の「景初三年銘画文帯神獣鏡」と島根県の神原神社古墳出土の「景初三年銘三角縁神獣鏡」の2面に銘記されている「景初三年」は魏の年号であり、西暦239年にあたる。このほかにも「正始元年」(240年)の魏年号をもつ鏡も3面以上出土しているが、すべて三角縁神獣鏡である。

そのような状況の中で、三角縁神獣鏡とは異なる形式の「青龍三年銘」鏡が初めて発見され、多くの研究者が注目した。

邪馬台国問題を考えるとき、三角縁神獣鏡は、『魏志』倭人伝に記載のある卑弥呼に下賜された「百枚の鏡」として注目されてきたことはよく知られている。その根拠が先に挙げた魏年号の銘であり、しかも卑弥呼がちょうど魏へ遣使した西暦239年前後の年号銘であった点にある。

一般に、三角縁神獣鏡といっても、いろいろな種類が認められる。共通している点は、鏡縁の断面が三角形をしていること、鏡の面径が20cmを超えることくらいである。文様の構成も、神と獣の数が2対2のものから5対5にいたるまで多種の組み合わせがみられる。ちなみに、兵庫県出土のものでは四神四獣鏡が最も多く、次が三神三獣鏡で、二神四獣鏡は1面しか発見されていない。

さて、前述のように邪馬台国近畿説を唱える研究者は、従来の三角縁神獣鏡の出土状況などからこの鏡が魏から特別に邪馬台国へ下賜された品と考え、この鏡を配分することによって邪馬台国の勢力圏確立に役立ててきたと推測している。

しかしながら、現在まで全国で450枚を越す三角縁神獣鏡が発見されており、最近ではそれまで発見例がごく稀であった大和盆地の内側でも、前述のように天理市の黒塚古墳から33面(1998年)、御所市の鴨都波1号古墳から4面（2000年）と、

鴨都波1号古墳出土の三角縁神獣鏡のうちの1枚

相次いで例数の増加がみられる。その一方で、紀年銘をもつ鏡の発見は全く増加していない事実もある。

しかも、邪馬台国近畿説に反対する研究者からすでに指摘のあるように、三角縁神獣鏡がこれまで１枚も中国国内で出土していない点や、『魏志』倭人伝に「百枚」と明確に数が記載されているにもかかわらず、現在までの発見数との間に大きな隔たりがあることなど疑問点も多く残されている。

そのうえ、1986（昭和61）年に京都府の広峯15号墳から出土した三角縁盤龍鏡に「景初四年」の銘がある問題もまだ不確定のままである。しかも、この鏡と同じ紀年銘をもつ同型鏡が兵庫県内の博物館に秘蔵されていたこともわかり、より問題が複雑になった。

すなわち、この「景初四年」は、魏には実際には存在しなかった年号なのである。明帝が景初３年１月に亡くなっているため、慣例に従って同年11月まではこの三年号を使用し、翌12月からは正始元年と改元されたのである。つまり、わざわざ卑弥呼に下賜するために製作させた鏡に実在しない年号を魏王朝が銘記するわけがないのである。

そこで、少なくとも王の死去が伝達されなかった地域で製作されたとする説がにわかに登場した。その候補地としては、当時鏡の製作が盛んであった隣接国の呉を挙げる研究者も多く、中には三角縁神獣鏡は呉の工人たちが倭国内で製作していたとの説も出された。

いずれにしても、三角縁神獣鏡を卑弥呼に下賜された鏡群と考えるのか、それとも全く別の鏡群（邪馬台国九州説をとる研究者は、北九州の甕棺墓から出土する後漢鏡群を考えている）を想定するかで派生する問題が多数出てくる。

魏の紀年銘をもつ鏡は、以上みてきたように全部で10面発見されたことになる。

しかも、これらのうち同型鏡（同笵鏡）の組み合わせが4種もあり、「青龍三年鏡」「正始元年鏡」のように3枚も同型鏡を製作している点は、倭国内に持ち込まれた鏡の意義を考えるうえで注目すべきである。

ところで、これまでに中国国内では、紀年銘をもつ鏡は後漢の156年銘以降のものから何面か発見されているが、196年銘を境に鏡の形式が大きく変化するところから、鏡の製作地・製作工人に変化が起きたと考えられている。この変化は、三国時代呉の紀年銘鏡にも引き継がれており、日本国内でも山梨県の鳥居原2号墳出土の「赤烏元年」（238年）銘鏡、兵庫県の安倉高塚古墳出土の「赤烏七年」（244年）銘鏡などの呉の年号をもつ鏡が発見されている。これらはいずれも神獣鏡の系統に属する形式である。

わが国では弥生時代の墳墓（兵庫県内では墳墓から約10面出土）などからも鏡の出土があり、鏡が剣・玉類と並んで王権なり首長権の象徴として注目されてきた。そのような中で、中国史書に明確な記載のある下賜された100枚の鏡がいったいどの鏡で、その分布状況がどのような意味をもつのかといった研究が重要となっている。

今後も、鏡を大量に出土する古墳が発見される可能性がきわめて高いといえよう。

第4章　古墳時代研究の動向

1　古墳時代研究の流れから

稲荷山古墳の鉄剣銘

埼玉県行田市にある埼玉古墳群は、古墳時代後期を中心とする前方後円墳8基、大小円墳20基以上、総計30基を超える古墳で構成されていることが古くから知られていた。この中の稲荷山古墳（全長120m）は、本来前方後円墳だったのだが、昭和の初期に土取り工事によって前方部が削平されることとなった。このとき、当時としてはめずらしく地元で保存運動が起こり、その結果1944（昭和19）年に古墳群中9基が国指定史跡となった。

その後、1968（昭和43）年に発掘調査が実施され、後円部の主体埋葬施設から鉄剣、鏡、耳環、馬具などの金属製品が多数出土した。さらに10年後の1978（昭和53）年になってようやく「出土品保存処理」の予算がつき、奈良県の元興寺文化財研究所で専門的なサビ落としなどの保存処理作業が実施されるが、このとき同時に実施したレントゲン検査によって鉄剣の表裏に115文字の「金象嵌（金錯ともいう）」が発見されて大ニュースとなったことは広く知られるところである。

稲荷山古墳出土鉄剣に発見された金象嵌文字

この 115 文字の中にある「ワカタケル大王」「辛亥年」などの表記が、従来知られていた『記紀』の記載内容と合致すると判断され、古代史研究に多大な刺激をあたえた。中でも研究者を驚かせたのが、1874（明治 6）年に発見されていた熊本県江田船山古墳（全長 61 m、前方後円墳）出土の鉄刀銀象嵌銘文に刻まれていた「獲加多支鹵ワカタケル」銘と同じ字句が出てきたことであった。その後の研究で、この「ワカタケル大王」は「雄略天皇」に擬するのが妥当と考えられ、中国側の歴史書にも登場する「倭王武」も同一人物と考えられることから、「辛亥年」＝ 471 年説が有力なことも併せて、5 世紀代ヤマト王権の勢力が東西広い範囲に行き渡り、さらに中国王朝にも使者を派遣するほどであったと考えられるようになった。

この稲荷山古墳の成果から、近年は遺跡出土の遺物レントゲン撮影など科学的分析をおこなう類例が増加し、その結果、千葉県の稲荷台 1 号古墳出土鉄剣、島根県の岡田山 1 号古墳出土鉄刀からそれぞれ「文字」を浮かび上がらせることに成功した。

古墳時代の住居の発掘調査

古墳ばかりでなく、古墳時代の首長層・豪族層と呼ばれる人たちの居住跡も近年各地で発掘されるようになった。いわゆる「豪族居館」と呼ばれる遺構である。

1981（昭和 56）年、上越新幹線建設工事に伴って発見された群馬県の三ツ寺遺跡では、一辺 86 m の方形区画の周囲に石垣を施した幅 30 ～ 40 m、深さ 3.5 m の堀が周囲に巡らされていた。居館の中心建物は床面積が158㎡もある大型建物で、その周辺に井戸や祭祀場と思われる石敷遺構なども多数発見され、出土遺物から5～6世紀にかけてこの地の豪族や首長層が居住したと推測されている。この遺跡発見がきっかけとなって、その後続々と同様な「豪族居館」が群馬県の原之城遺跡、和歌山県の鳴滝遺跡など全国各地で発掘されている。

一方、この時代の一般庶民はどのような生活をしていたのだろうか。

従来は、一般人の住居は縄文時代から連綿と竪穴式住居と呼ばれる、地面に何本かの柱を建ててその周囲にカヤやワラを葺いた屋根を乗せた簡便な住居であったと考えられていた。しかし、1982（昭和57）年、群馬県の黒井峯遺跡から火山灰にパックされた状態で古墳時代の住居群が発掘され、状況は大きく変

黒井峯遺跡で火山灰の下に出土した古墳時代の畑

わった。これは 6 世紀後半に付近の榛名山が大噴火し、その火山灰で埋没した一村がそのままの状態で発見されたものである。調査では早い段階から、当時としては最新ハイテクであった「地中レーダー探査」法を実施し、火山噴火で降下した軽石層内の遺構をある程度掌握してから実際の発掘作業に移るというプロセスをとった。その結果、家畜小屋や屋外作業場、竪穴式住居、畠跡、柵列跡、道路跡など通常の発掘調査では発見されないような遺構群が生々しい状態で検出されたのであった。しかも、この集落では作業工程の分業ともいうべき進んだ状態が推定され、発見された住居内の状況を克明に観察すると、「冬の家屋」「夏の家屋」といった使い分けをしていた可能性もでてきた。まさにひとつのムラがまるごと保存パックされていたわけで、いわば「日本のポンペイ」なのである。

壁画古墳の発見

わが国古代の故地ともいうべき飛鳥地域には、古墳時代の区分でいう「終末期古墳」と呼ばれる 7 世紀代に築造された古墳が多数知られていた。高松塚古墳の発掘調査は 1972（昭和 47）年、明日香村『村史』研究の一環として実施された。

直径 25 m 前後（現存している径約 18 m）、高さも 5 m ほどの目立たない円墳で、江戸時代の記録には「文武天皇陵」と治定しているものが多いものの、戦前までは全くその存在自体も注目されていなかった。

発掘調査は前年、偶然農作業中に露呈した凝灰岩の切石部分を中心に開始し、その結果、墳丘部の盛り土法として宮殿や寺院の基盤部に使われた「版築法」を採用した硬い築造法であった。しかも、その中に横口式石槨が発見され、その四周の壁に描かれていたのが日本歴史上未曾有の大発見といわれる「極彩色壁画」だったのである。

石槨の大きさは長さ 266 ㎝、幅 104 ㎝、高さ 113 ㎝という小型で、壁全面に漆喰を塗ってその上に壁画を描いていた。東壁には「青龍」と「日像」、西壁には「白虎」と「月像」がそれぞれ中央に描かれ、奥には 4 人の女子像「飛鳥美人」、手前に 4 人の男子像が描かれていた。さらに、北壁には玄武像、天井には「星宿」と呼ばれる金箔の天体図が描かれていた。同墳

高松塚古墳の石槨内部と青龍の壁画

の年代は他の出土品研究から7世紀末～8世紀初頭と考えられている。石槨の中には「漆塗り木棺」があり、その中から「透し金具」「鏡」「冑金」「山形金具」などとともに人骨も出土した。

このような横口式石槨をもち、「彩色壁画」を伴う古墳例はその後、同村のマルコ山古墳、キトラ古墳などで確認されている。中でもキトラ古墳は1983（昭和58）年の最初の調査ではＮＨＫの協力をうけてファイバースコープを使用する最新科学調査で、わが国2例目の壁画「玄武」像の確認をする成果を挙げている。しかし、この調査自体は極秘に実施されたもので、そのうえ途中でファイバーの先端が折れるハプニングもあったが、壁画発見の朗報でこれらの件も忘れられていた。

その後同墳の本格的調査計画が全くなく、壁画の保存状況も心配されていた。そして、1996（平成8）年ようやく壁画の状況確認のため、ＮＨＫの協力で超小型カメラを石槨へ入れることとなったが、その結果、新たに「四神像（朱雀を除く）」「天文図」「日月図」が確認されたものの、その一方で壁画自体の劣化状況も判明し、早急な対策が必要との認識が広まった。

ところで、高松塚古墳では後述するように、文化庁を中心に劣化状態の調査が実施され、最終的には解体しなければ保存処理が不可能との結論になり、2009（平成21）年に解体修理が実施された。

未盗掘古墳の発掘

エジプトのピラミッド同様、日本の多くの古墳も後世何らかの形で「盗掘」にあっている。中には、盗掘時に盗掘人らが残した遺物から何時代ごろに盗掘されたのかといったことまで判明している例もある。

1985（昭和 60）年、奈良県斑鳩町の藤ノ木古墳の発掘調査が実施され、6 世紀後半の未盗掘横穴式石室内から家形石棺が発見された。同墳は世界遺産法隆寺の西約 350 m にある直径約 47 m の円墳である。

石室の規模は玄室だけで長さが 6 m 以上、幅が 2 m 以上、全長で 14 m を計る県内でも屈指の巨大なものであった。石棺の奥には多数の土器類が馬具・武具類と一緒に発見され、中でも金銅製鞍具に施された龍・鳳凰・象・兎・獅子などの「透かし

藤ノ木古墳

彫り」文様は国内最高級の技術と絶賛された。その後の研究で、この精巧な文様の源流は中国・北魏の石窟装飾や石造彫刻などに見出すことができると考えられている。

きわめてめずらしい未盗掘古墳であるため、石棺の調査は万全の準備のもと1989（平成元）年に実施された。事前にファーバースコープを挿入して、棺内の状況をある程度掌握してから慎重に開棺調査が行われた。この結果、2体の被葬者骨、沓、冠、首飾り、大刀、鏡など当初の予想を凌駕する大量の副葬品が発見された。

調査直後から、聖徳太子ゆかりの斑鳩に近く、年代も同時期の6世紀後半、大陸や半島の影響を強く受けた文様類の数々、男性2体の合葬といった多くの謎が巷間騒がれることとなった（その後、男女2体という説も提示されている）。

2002（平成14）年、大阪府高槻市の闘鶏山古墳がファイバースコープ調査で4世紀代の未盗掘古墳であることが確認された。同古墳は2基の竪穴式石室を持っており、両方ともが未盗掘で中には三角縁神獣鏡や人骨なども残っていることが確認された。最新ハイテク機器の威力が誠に目覚ましいことを証明した代表的事例となった。

2　初期古墳をめぐる諸問題

古墳時代は、出現期、前期、中期、後期、終末期の5期に区分して考えられているが、この内、出現の問題が「古くて新しい問題」としてこれまでも議論がなされてきた。

古墳の出現については、邪馬台国の卑弥呼の墓が3世紀中頃築造と明記されている墳墓であり、その有力候補墓が確定されればこの問題にも光明がみえることになる。そのような中、奈良県の纏向遺跡群内にある巻野内石塚古墳が調査され、その結果が公表された。従来この古墳は、古墳時代後期と推定されていたが、今回の結果では全長約60mの前方後円墳形で、前方部と後円部との比率などからいわゆる「纏向型前方後円墳」の範疇に入ることが判明した。これより前に最古の「木郭墓」を主体とする弥生時代終末期の墳墓として注目されたホケノ山古墳の北に位置しており、卑弥呼の墓といわれる箸墓古墳にも近いことから詳細な調査が期待される。

箸墓古墳

その箸墓古墳については、ここ数年橿原考古学研究所が実施した調査報告が公表され、全長が従来の数値より大きい 290m クラスとなり、前方部には幅 60m を超える周濠も展開していることが判明し、年代もほぼ 250 年頃とされた。卑弥呼の死亡年代が 250 年前のため、卑弥呼埋葬説がさらに強化されることになるが、その一方で、主体埋葬部の調査からでたデータではないため最終的な結論とはなっていない。

全国的に地方での大規模な調査例が減少している中、古墳時代関係では埼玉県の下田町遺跡で 4 ケ年にわたる発掘が継続中で、300 軒　を越す住居跡のほか、380 以上の井戸跡、方形周溝墓 10 基、土壙墓多数が検出された。弥生時代末から古墳時代前期の一辺中央部が切れる方形周溝墓と、小型の前方後円墳が近接して発見され注目された。また、古墳時代の住居内からは完全な石釧（腕輪）が発見され、何らかの祭祀に使用されたと考えられている。

2003（平成 15）年には東京都熊野神社古墳が 7 世紀代の一辺約 32m の「上円下方墳」であることが判明した。この墳形は昭和天皇など近代の陵墓には採用されている例が多いものの、古代での例はごく少なく、政権中枢の有力な、特殊な被葬者用の古墳と考えることができる。関東地方には同時期の「八角形墳」がいくつも発見されているが、2008（平成 20）年には福島県野地久保古墳（上円の直径約 10m、下方径約 16m）で東北地方初の「上円下方墳」が確認されている。

2003（平成 15）年には奈良県巣山古墳（4 ～ 5 世紀）の周濠

に張り出した出島状遺構（16m×12m）から水鳥、家形など34点の形象埴輪が発見された。大阪府内の古墳などにこのような類例があるものの、大王墓クラスの古墳で発見されたのは初めてである。

また、三重県松阪市の宝塚1号墳は全長111mの前方後円墳で、1932（昭和7）年にすでに国指定史跡に登録されていた古墳であるが、1999（平成11）年からの発掘調査で、前方部と後円部の間に「造り出し部」を設置し、その周囲に多数の埴輪類を配置していたことがわかった。埴輪の中には全長140cmの精巧な「船型埴輪」が発見されている。

さらに、2006（平成18）年には和歌山県岩橋千塚大日山35号古墳（全長86mの前方後円墳）の東西造り出し部から大量の埴輪類が出土した。家形、水鳥、イノシシ、犬、武人、巫女、

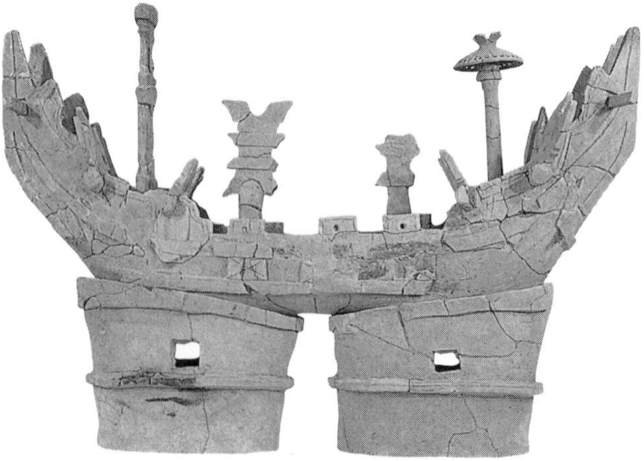

宝塚1号古墳出土の船型埴輪

力士、馬など多種多彩な埴輪類であった。このような古墳の本体に付設される「造り出し部」に大量の埴輪類が発見される例が多く、本体部分で発見される埴輪類とは異なる見解も示されるようになっている。

2003（平成 15）年には群馬県成塚向山古墳群で未盗掘の埋葬施設を伴う一辺約 20m 以上の規模をもつ方墳が発見された。大規模な古墳は従来多くの場合は築造後埋葬施設が盗掘されており、このような手つかずの発見は稀な例である。発見された埋葬部からは、木棺内に剣、銅鏃銅鏡、ガラス勾玉などが出土した。これらの遺物より同古墳は 4 世紀中～後半頃に築造されたと思われ、しかも周囲を敷石で囲むめずらしい類例と確認された。規模の割には墳丘が低かったことが盗掘を免れた理由と思われる。

3　古墳壁画の保存と劣化問題

古くからあった古墳壁画の保存問題

高松塚古墳の調査で壁画古墳への注目が高まったが、わが国では古くから約 600 基もの「装飾古墳」の存在が知られていた。石棺や横穴式石室の壁に浮き彫り図や線刻で各種の文様や絵を描いた例が多く、4 ～ 5 世紀にかけて近畿地方で、また 5 世紀中ごろになると九州地方にもみられるようになる。

1934（昭和 9）年、福岡県嘉穂町で王塚古墳が偶然発見され、京都大学考古学研究室によって発掘調査が実施された。その結果、古墳の築造は6世紀中ごろであるが、前方部は削平されていたため、現全長は86 m、石室長6.5 mであった。この室壁に連続三角文や武器・武具などが描かれており、しかも、それらは赤・黄・白・緑・黒と多彩色を使っていて、まさに「装飾古墳の王者」と言われるほどのすばらしいものであった。しかし、保存となると当時としてはかなり大変で、1967（昭和42）年には石室崩壊の危険性から見学禁止という事態になってしまった。その後、総合的な保存対策研究が行われ、1990（平成2）年、再度壁画公開となった。

一方、高松塚古墳発見の余韻が残る1973（昭和48）年に学術調査で色鮮やかな壁画が発見されたのが、茨城県ひたちなか市の虎塚古墳である。調査は勝田市史編纂事業の一環として計画され、大塚初重氏らの指導で実施された。全長57 mの前方後円墳で、横穴式石室がよく残っており、その壁に白色粘土を塗った上に彩色の円、武具、唐草文などを描いているのが発見された。

一般に古墳時代後期の横穴墓などには、大阪府高井田や福島県の泉崎横穴のように線刻・彩色例はあるものの、東国で前方後円墳での発見は初の快挙であった。同古墳の調査は、当初から石室内の「微生物」調査や室温調整も実施しての当時としては最新の技術を導入しての総合調査であった。しかも、地元自治体はその後も半年ごとに「保存状況」検査を継続して実施するとともに現在では保存施設を設置して、年1回の公開事業も行い、広く一般に文化財の重要性を啓蒙している。

高松塚古墳壁画の劣化とその公表

高松塚古墳では最初の調査で壁画が発見されるや、保存のため密封するとともに数ヶ月で「史跡指定」の処置をとって、管理が文化庁に移管した。

一般に重要な古墳は特別史跡なり、国史跡に指定される場合

虎塚古墳の壁画

が多いのだが、高松塚古墳では特例として古墳本体は特別史跡（1973年4月）、壁画部分が国宝（1974年4月）と指定されたのである。そして、文化庁では特別史跡は「記念物課」で、国宝は「美術学芸課」が担当となっている。しかも、長年の保存・修復実務の関係から、古墳を主として取り扱う記念物課は「奈良文化財研究所」と、また美術学芸課は「東京文化財研究所」との連携が太いという事実もあった。

このような、2系統の流れの中でカビ問題が生起した折、両系統の連絡が上手く機能しないという事実があった。1982（昭和57）年ごろにはカビの発生が関係者間には知られるようになり、2001（平成13）年には手の施しようがないほどの大発生状態となっていた。そのような中で、文化庁は1987（昭和62）年に発見15周年を記念して『国宝　高松塚古墳―修理と保存―』を一部の関係者に配布するが、その中ではカビの発生と壁画の退色や損傷が確認されていた。さらに、カビの繁殖や壁画劣化がもはや確認されていた2004（平成16）年に壁画発見30周年を記念して『国宝　高松塚古墳壁画』（文化庁監修）を刊行し、その序文に文化庁長官が「30年を経ても壁画は大きな損傷あるいは褪色もなく」と書かれていた。

そして、2004（平成16）年6月、一部の新聞に高松塚古墳壁画劣化の報道がなされ、一般の人びとに大きな衝撃をあたえた。この間、全く適切な対策な採られないまま時間だけが経過していったのである。

一方、同時期にキトラ古墳でも壁画の劣化が公表されるが、

2005（平成17）年に文化庁は、キトラは「壁画剥ぎ取り」、高松塚は「石槨解体による」修復という最終的判断を表明した。しかし、この決断には各地からさまざまな異論がまき起こる。日本考古学協会は高松塚の石槨解体の方向にたいし、2005（平成17）年10月に福島で行われた総会で「保全・保護を求める声明」を全会一致で可決している。

キトラ古墳の壁画剥ぎ取り作業は2005（平成17）年12月から開始されたが、壁画の描かれている「漆喰層」が非常に固いため、1部を剥ぎ取った段階で作業を延期せざるえない状況となっている（2006年1月現在）。このようにキトラ古墳の壁画剥ぎ取り作業が急がれた背景には、高松塚古墳では発見当初から「完璧」な保存施設で壁画が守られていたはずであったのに、そこでもこれだけの劣化現象が発生したことへの反省があった。しかし、この裏には毎年の定期的な点検作業と保存処置の向上化を関係機関が怠っていた部分のあることも否めない。

発見直後の高松塚古墳壁画（左）と劣化状態の同壁画

現状では、「剥ぎ取り」「解体」で本当に壁画が復活するのかいなかは未知数である

4　天皇陵の公開問題

現在まで宮内庁は、原則として歴代天皇陵は「個人の墓所」「葬られている皇族の静謐をまもる」という理由から公開していない。また、埋葬された天皇名についても明治期からの治定を踏襲しているため、問題が生じている。たとえば大阪府堺市の巨大古墳「伝仁徳天皇陵」は、実際に仁徳天皇が埋葬されているのかはははなはだ疑問と思われている。というのも、断片的に公表されている埴輪や土器類から、もし『日本書紀』記載の年代にこの天皇が実在していたと推定するならば、その時代とは全く異なる時期の年代が示されているからである。

そうした中、2002（平成14）年11月に大阪で古墳に関する重要な発表が2つ行われた。

ひとつは、宮内庁書陵部による大阪府茨木市の太田茶臼山古墳（前方後円墳、全長226m）に関するもので、宮内庁が「継体天皇陵」に治定している古墳墳丘部の調査現場を研究団体の代表者に公開したのである。その結果、5世紀中頃の埴輪類が並んで検出され、胎土の科学的な分析から、これらが近くで発掘された新池埴輪窯跡で製作されたものと確認された。継体天皇は『記紀』によれば、西暦530年ごろに没したと言われており、この記述を信頼するならば、この古墳に埋葬されている人

物は継体天皇ではないということになる。そこで、本当の継体天皇陵はどこなのかという点が俄かに注目されることとなった。

もうひとつは、太田茶臼山古墳からやや北東に位置する、高槻市の今城塚古墳（前方後円墳、全長 190m）で、市教育委員会主催の発掘調査現地説明会が開催され、2 日間に渡り何千人もの見学者が現地を訪れた。この説明会が注目された最大の理由は、大正時代から一部の研究者間で囁かれていた「継体天皇陵は現在宮内庁が治定している茨木市太田茶臼山古墳ではなくこの高槻市今城塚古墳である」との仮説が証明されるのではないか、という期待感であった。

この古墳は古くから出土埴輪類の年代から 6 世紀前半に築造されたと考えられ、埴輪類などの出土状況も「王墓」にふさわしい種類と量を誇っていた。しかも、その後高槻市の新池埴輪窯跡の調査から、これら 2 つの古墳出土と同じ埴輪類が焼かれていた跡も発見され、この地域の大型古墳に供給する埴輪類が計画的系統的にこの窯で大規模に生産されていたことがわかっている。現在では、多くの研究者がこの今城塚古墳こそが真の「継体天皇陵」であろうと考えている。

当日の説明によれば、今城塚古墳から出土した埴輪類は全て 6 世紀前半に製作されたものと断定されたということであった。継体天皇に関して『古事記』では 527 年、『日本書紀』では 531 年か 534 年に没したと記されている。これらの記事が正しいとするならば、少なくとも 6 世紀前半には陵墓が構築されていたことになる。

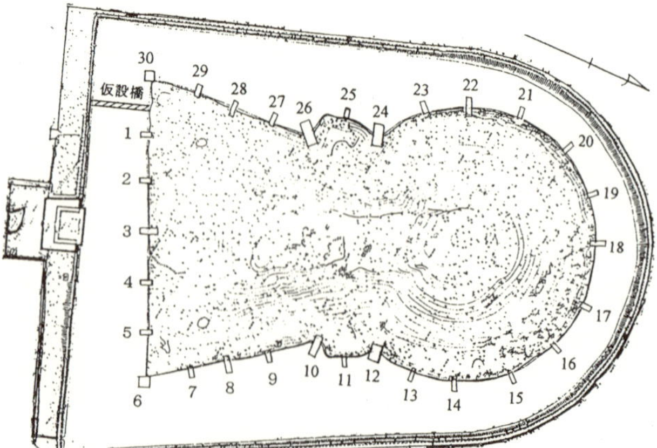

今城塚古墳（上）と「継体天皇陵」の墳丘平面図

すなわち、1986 年に宮内庁が実施した太田茶臼山古墳の護岸工事に伴う調査で出土した埴輪類が 5 世紀中葉のものと推定されていた事実を、今回改めて宮内庁自身が追認したことで、過去に治定した古墳が『記紀』の記述と合致しない点も暗黙のうちに認める結果となったのである。

このように以前から治定されている天皇陵にたいして多くの研究者から疑問点が提起されたにもかかわらず、決定的な決め手に欠いてきた動向が奇しくも同じ月に証明されたのである。

現在、宮内庁が治定した「陵墓」「陵墓参考地」は全国に 240 基近く存在する。この中には近代の明治・大正・昭和天皇陵も含まれている。

ところが、これらの天皇・皇族関係の陵墓治定は江戸時代後半まで組織的に実行されたことがほとんどなく、記録も散逸したため奈良時代以降の天皇陵の治定には不明な点がきわめて多いといえる。江戸時代後半、前方後円墳の命名者として知られる国学者の蒲生君平がこの状況を憂え、積極的に全国各地の陵墓調査を実行した。また幕末には尊皇思想の影響もあり、幕府が主体となって本格的な治定作業と補修工事を行った（蒲生はこの成果を『山陵志』にまとめた）。そして明治に入ると、政府は皇国史観高揚の観点から積極的な治定につとめ、約一千個所余りを陵墓および陵墓参考地に指定したのである。

1984（昭和 59）年 5 月、奈良県の束明神古墳の発掘調査が実施され、凝灰岩をきれいに切り上げた大きな石室と石郭が発見された。埋葬遺体の歯の鑑定によって判明した死亡年齢から、築造年代が7世紀後半の八角形古墳とされ、『万葉集』や『続日本紀』に掲載のある挽歌や記録などを総合的に考慮して28歳で死去した「草壁皇子」の墓とする説がほぼ確定された。

実は宮内庁が治定している「草壁皇子」墓もすぐ近くの「岡宮天皇陵」であったが、今回の発掘でこの治定にも疑問符がつくこととなった。

このように現在まで治定されている陵墓でも、その過程で疑問符のつく例は数多く指摘されている。

たとえば、その実在も架空とされる初代神武天皇の陵墓は、奈良県橿原市のミサンザイ古墳（円墳、直径約30m、高さ3m）に治定されているが、平安時代の『延喜式』には記録があるものの、江戸時代に入るとその所在も不明となり元禄年間に指定された古墳は現在の陵墓とは別のものであった。18世紀に入り、本居宣長らの国学派が台頭してくると『日本書紀』などの記述とあまりにも異なる治定に疑問が出され、文久年間の修復作業時に現在のミサンザイ古墳と変えられ、さらに明治政府は創始天皇陵が当時あまりにも貧弱な小古墳では体裁が保てないと考え、大規模な修復を実施して現在のような規模のものとなったのである。

21代雄略天皇の陵墓も、同じ文久年間の修復で大規模に改竄された陵墓の代表といえる。現在、大阪府の古市古墳群の中に治定されているが、もともとひとつの円墳と壕を隔てた異なる方墳とを強引に「前方後円墳」風に作り直したケースである。航空写真などで分析すると、明らかに前方部と後円部との主軸がずれていることがわかる、きわめて稚拙な改変であった。

大阪平野の南にある「伝応神天皇陵」「伝仁徳天皇陵」も、かつては研究者間でこの両墓だけは被葬者が間違いないケースとされていたが、近年の考古学的分析の結果、仁徳陵出土の埴輪類が5世紀後半と確認され、記紀などの記録による実在在位年代5世紀前半と大きく差異がある年代観が示されている。

また、明治時代以降でも陵墓治定が変更された例は、1881（明治14）年に天武・持統天皇合葬陵が見瀬丸山古墳（奈良県橿原市）から野口王墓（同県明日香村）になったようにいくつかあり、宮内庁自体もその信憑性には確信を持っていないように思われる。

宮内庁はかつては陵墓の公開を実施する意志は全く示していなかったが、1979（昭和54）年10月の白髪山古墳（清寧天皇陵）限定公開以来、限定された学会（日本史研究会など歴史系の全国学会）および日本考古学協会の関係者のみ陵墓保全整備工事などの現場での公開と、陵墓に関する宮内庁書陵部との懇談会開催を認めるようになった。

平成14年度は第25回目の懇談会が行われ、その席で「平成14年度陵墓保全整備工事一覧表」が配布され、この年度は大阪府聖徳太子墓・奈良県垂仁天皇陵など計14ケ所で護岸工事などが実施されるのにあたり、事前の調査が行われる予定が公表された。

この中に、先に触れた「大田茶臼山古墳」も含まれており、11月の限定公開となったのである。

この限定公開は先にも挙げた15学会と1協会（日本考古学協会）の代表各1名の参加に限られたもので、一般の遺跡見学会とはかなり趣を異にする内容である。しかも、調査地全部を見学できるわけではなく、出土資料についても限定がある。しかも、1985（昭和60）年開催の第7回佐紀陵山古墳（日葉酢媛陵）公開時から学会代表の「陵墓参拝」も求められるようになっている。

このように宮内庁は陵墓を文化財として認定せず、あくまでも天皇家の個人墓という姿勢を変えていないが、一部には1999（平成11）年の高田築山古墳（磐園陵墓参考地）調査時に宮内庁から埋蔵文化財保護法に基づく文化庁への届け出も行われており、わずかながら菊のカーテンに穴が開きつつある。

そして、2008（平成20）年2月22日に画期的な「陵墓公開」が実現する。先にも触れた陵墓関係16学協会が前の年から11の「公開希望陵墓リスト」を宮内庁に提出していたが、その中の奈良県の五社神古墳（宮内庁の治定は神功皇后陵）の陵墓内側が研究者代表16名に公開されたのである。当日は、「陵墓公開」に反対の政治団体も押し掛けて抗議行動を行ったりもしたが、約2時間にわたって前方部から後円部、古墳墳頂から裾部まで詳細に現地踏査が実施された。その後、近くの公民館でマスコミはじめ一般の人たちを対象に「陵墓立ち入り報告会」も開催され、陵墓公開問題も新たな一歩が始まったことになる。

第5章　歴史時代研究の動向

かつては､考古学が扱う時代は主として古墳時代までであり、それ以降の時代についてはあくまでも「歴史学研究の補助学」という位置が当たり前とされていた。しかし、前述のように広島県福山市の草戸千軒遺跡や福井県の朝倉氏一乗谷館跡遺跡などの発掘調査により、奈良・平安時代のみならず戦国・江戸時代にいたる期間でも「歴史研究の主力手法としての考古学」が再認識されるようになった。さらに近年では、明治期以降の遺構も多く発掘が行われ、近代史研究にさまざまな示唆を与えている。

1　古代史と考古学

古代史を塗り替えるさまざまな発見

1979（昭和54）年、奈良市の茶畑から火葬された人骨を納めた木炭槨の床に銅板が発見されたが、この板の表面には「墓誌」が刻まれていた。それによると「従四位下太安萬侶癸亥年七月六日卒」とあり、『古事記』の編纂者として著名な「太安萬侶」の墓であることが判明したのである。その後の医学的な分析から、被葬者はかなり小柄で、死亡年齢も必ずしも高齢ではなかったらしく、しかも歯槽膿漏を患っていたことまで判明した。

このように飛鳥時代を過ぎると文献史料も残ってくるので、各地で発見される墓遺構では人骨などが残っている場合「被葬者探し」も重要な課題となる。奈良県の藤ノ木古墳や高松塚古墳、キトラ古墳などの埋葬者が誰なのかという問題は、目下、多くの古代史家の耳目を集めるテーマとなっている。

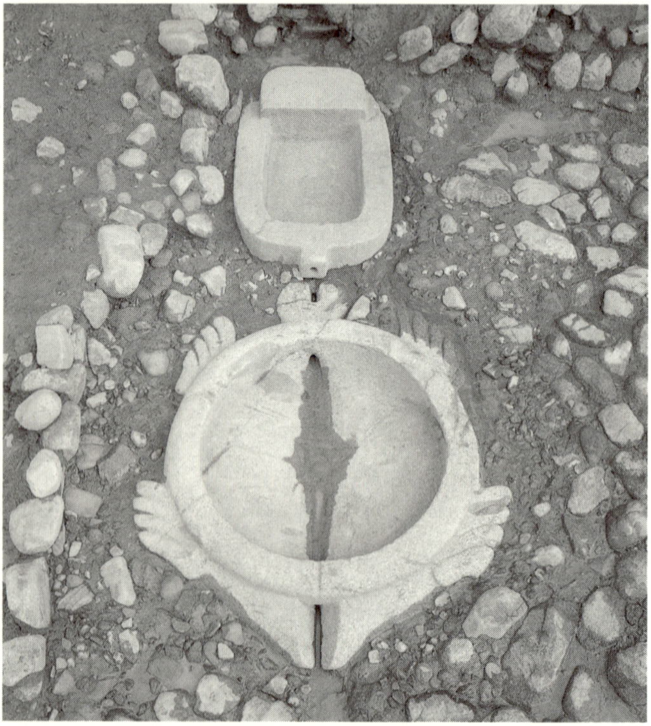

明日香村でみつかった亀形石

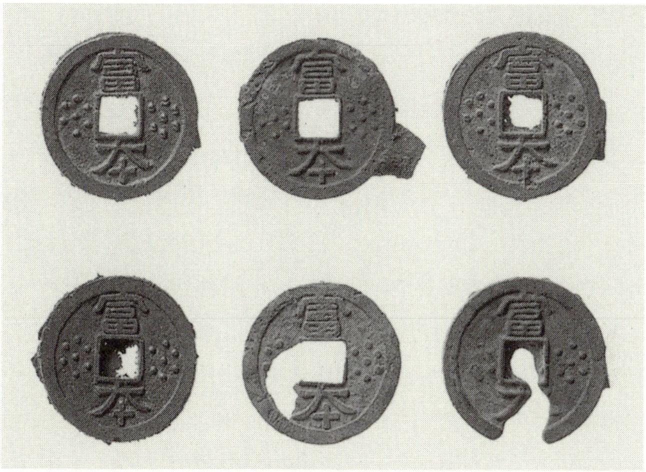

飛鳥池遺跡で発見された富本銭

2000（平成12）年、奈良県の明日香村で大発見があった。村道建設工事中に精巧な「亀形石」とそれを取り巻く石敷遺構がみつかったのである。このとき発見された「亀形石」の南側丘上には古くより知られている「酒船石」があり、両者は75mの導水路で繋がれていたと思われる。

また、この前年の１月、「亀形石」がみつかった遺跡のすぐ北側の飛鳥池遺跡でわが国最古となる「富本銭」が約300枚発見されやはり大騒ぎとなっていた。銭貨の鋳型にあたる「鋳棹」なども発見されたため、『日本書紀』682年の条にある「銅銭を用いよ」がこの銭貨に当たるという可能性が指摘されていた。この発掘成果によって現在では、教科書も「富本銭」を日本最古の貨幣として扱うのが普通となった。

古代史に必須の木簡の調査

奈良平城京は2010（平成22）年に「遷都1300年」を迎えたが、この平城京の調査は1953（昭和28）年11月、占領軍として進駐してきたアメリカ軍のために行った大型輸送車用の道路拡張工事に際して、「大極殿跡」付近から等間隔の「掘立柱」跡が発見されたことを契機に「平城宮跡発掘調査会」が組織され、本格的な発掘調査が行われたという経緯がある。

その後、1960（昭和35）年に宮跡西南隅に近畿日本鉄道の操車場が建設されることになり、計画変更をもとめて大規模な保存運動が展開されたことで、国も重い腰をあげて宮跡全域を国有地化し、奈良国立文化財研究所が発掘調査を継続して実施することになった。

この平城京の調査が一躍有名になったのが、1988（昭和63）年の奈良そごうデパート建設に伴う調査で、広大な長屋王邸宅が発見されたことである。天武天皇の子である高市皇子の子として生まれた長屋王は721年、元正天皇の時代に右大臣となって政権を担い、彼の時代に「三世一身の法」などにより土地制度が変革された事績をもつ人物である。発見された邸宅跡は面積が約6万㎡（甲子園球場2個分）で、屋敷の中央に外国の賓客をもてなしたと思われる入母屋造の大きな建物があり、周囲には正殿、脇殿建物なども多数建てられていた。この遺跡で注目されたのが約5万点にも及ぶ「木簡」の出土である。「木簡」とは今のメモ帳や荷札にあたる薄い木片で、発掘された中に「長屋親王宮鮑大贄十編」という文字が発見されたことから、この邸宅が長屋王のもので「鮑」を食していたこともわかったのである。

古代の木簡に関する大発見としては、2003（平成15）年に奈良文化財研究所が発表した、奈良県石神遺跡出土の「中国南朝宋の元嘉暦」と呼ばれる毎日の吉凶を記した暦の木簡発見があげられよう。厚さ14mm、直径10cmの円状木に表裏7行で、2ケ月分の吉凶が記されていた。年代は689年の3月と4月を示していると推定され、これまで最古とされた暦729年を一挙に40年近くも古くし、しかもこの年代暦はこれまでみつかっているものとしては、東アジア最古となるものである。

地方でも大きな発見が報告されている。

1987（昭和62）年、福岡県の平和台球場外野スタンド改修工事に伴う発掘調査で「鴻臚館」（外国の賓客を迎える迎賓館）が発見された。大型建物の礎石や瓦類、また外国製の陶磁器類なども多数出土したが、このとき発見された「木簡」を赤外線で分析したところ、「肥後国（熊本県）」「京都郡（福岡県）」「庇羅郷（長崎県）」などの地名が出てきた。この館で賓客を接待するために、九州各地から多くの品々が運ばれていたことがわかったのである。

島根県の出雲大社でも、2000（平成12）年、3本の木材をひとつに束ねた巨大な柱の基部が発見され、同時に出土した土器から平安時代末に廃絶した本殿の跡と考えられている。大社には江戸時代の『金輪御造営差図』に3本の木材を金輪で束ねた柱が9本立っている図が残されていたので、今回発見された

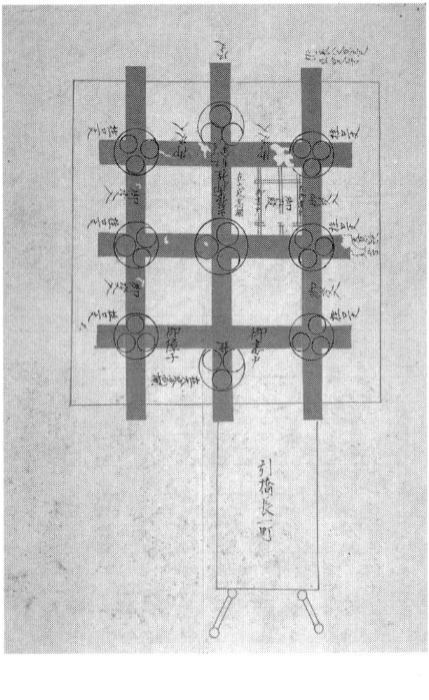

出雲大社の巨大柱基部出土状況（上）と「金輪御造営差図」

幅約6m、長さ約8.5mの楕円形柱穴がこの記録にあたると推定されている。復元すると、現本殿の高さ8丈（約24m）をはるかに凌ぐ高さ16丈（約48m）、もしくは32丈（約96m）という巨大な本殿であることになる。

2　進展いちじるしい古代寺院研究

法隆寺の年代をめぐって

今から60年以上も前、第2次世界大戦中に法隆寺五重塔解体修理調査が行われ、現存していた五重塔の最下層から塔のヒノキ製の大黒柱の根底部分にあたる「心柱」の一部が発見され、標本として残されていた。この標本を国立奈良文化財研究所の光谷拓実氏が年輪年代測定法で分析した結果が2000（平成12）年に公表された。年輪年代測定法は、ＡＭＳ炭素年代測定法と並んで近年注目されている年代測定法のひとつである。

それによれば、ヒノキ材は594年に伐採されたものとされ、かつて大論争となった「法隆寺再建・非再建」問題に新たなる一石を投じる結果となった。この数値は、1952（昭和27）年に西岡秀雄氏が提唱した「心柱の伐採は推古15（607）年以前」とする説と合致するもので、同氏が唱えてきた世界全体での気候変動700年周期説からの推論と年輪年代測定法とが同じ結論となったことになる。

法隆寺は従来『記紀』などの記録によれば用明天皇の病気平癒を発願して、607年に推古天皇と聖徳太子が建立したとされ、

670年に真夜中の落雷により出火で全焼したとされてきた。

ところが、1939（昭和14）年、現在の法隆寺南東部現在の駐車場の発掘調査が実施され、いわゆる「若草伽藍」が発見されたことで、それまで論争となっていた「再建・非再建」問題は再建説が優位との判断が下された。しかし今回の測定値はこの結論に疑問を呈することになる。すなわち、全焼ならば残るはずのない「心柱」が残存し、しかもその伐採年代が当初の建築時に適合する年代ということになるのである。しかし、その後、金堂、五重塔、中門の他の木質部材を測定した結果、668年以降に伐採された木材であることがわかった。この矛盾する結果をどう考えるかが今後の課題として残された。

さらにこの後、屋根材の年代が624～663年と測定された報告があり、先の年代公表時には一端決着がついた「法隆寺再建・非再建論争」に再び火がと騒がれたが、一応ここで再建説に落ち着くこととなった。科学的な年代研究の成果がここでも威力を発揮したのである。

畿内諸寺の調査

538年に仏教が公伝される以前、飛鳥地域の有力豪族間には私的な崇仏場として私寺のようなものが存在していたと推定されている。たとえば奈良県桜井市に国史跡としてのこる山田寺もそのひとつとされる。

この寺は蘇我馬子の孫にあたる蘇我石川麻呂（大化の改新では蘇我氏の一族ながら中大兄皇子側についた功績が認められ右

山田寺跡で発掘された金堂基壇

大臣に就任）が 641 年に造営を開始、643 年に金堂が完成したといわれてる。しかし、その後 649 年に石川麻呂に謀反の疑いがかけられ、一族がこの寺に籠もって自害する事件が起こったため造営が中断され、685 年になってやっと開眼法要となった寺として知られる。これまでの調査で、伽藍配置の全貌が明らかにされ、聖徳太子創建といわれる「四天王寺式」に近い門と塔・金堂が直線上に並ぶ配置で、講堂が外に出る形式であったと推定されていた。1982（昭和 57）年の調査では、東側回廊の木部材が倒壊した良好な状態で発見され大きく注目された。

2002（平成 14）年 3 月の調査で、山田寺跡の北側から 7 世紀後半の創建当時の大型柱穴と軒の雨水を受ける溝が発見された。これにより、従来想定されていた寺域がもっと北側に拡大する可能性が高まり、そのうえ従来想定されていた「四天王寺式」伽藍配置についても再考が必要ではないかとの指摘も出されるようになった。

一方、2002（平成14）年5月には同じ奈良県桜井市の吉備池廃寺から「南門」跡が発見された。吉備池廃寺は1995（平成7）年に初めて発掘調査が実施されて柱穴などの遺構が検出され、続く1997（平成9）年の調査では出土した遺物の鑑定から7世紀中頃の寺院跡と確認された。規模は飛鳥時代の寺院跡としては最大級で、金堂や推定高90mの九重塔基壇跡、金堂と塔を結ぶ回廊跡なども発見されている。そのうえ、出土した瓦などの分析からわが国初の国立寺院である「百済大寺」の可能性が高いとの説も指摘され大いに注目された。百済大寺とは、639年に舒明天皇の発願で創建された国立寺院で、673年に天武天皇が伽藍を移し、高市大寺（大官大寺）としたが、平城遷都に伴いさらに移動して南都七大寺のひとつ大安寺と改称された寺である。今回の発見によって、この寺の伽藍配置は従来知られていた7世紀前半の「飛鳥寺式」や「四天王寺式」とは全く異なる南門を入り、中門を抜けると目の前に金堂があり、横に塔がある7世紀後半に出現する有名な「法隆寺式」に近いものであったことが判明し、その点も大きな反響を呼んだ。

2003（平成15）年には、京都府の宝菩提院廃寺跡から平安時代前期の「湯屋跡」が発掘されている。僧侶の日常生活場であった大衆院の中に、大竈を置く石敷が貼られ、排水用の灰や炭の捨て場、湯屋全体を覆う施設なども検出された。現在みつかっているものとしては日本最古の湯屋跡である。

地方寺院の調査の成果

近年の寺院調査においては、畿内地域ばかりでなく地方での小寺院の調査でも多くの成果が得られている。

1999（平成11）年、群馬県山王廃寺跡から、8世紀前半の天平文化期にあたる大小の「神将像」が3000点近く発見された。同寺跡はこれまでの調査で、塔の基壇が1辺14mもある「法起寺式伽藍配置」をもつと確認されており、国史跡にも指定されていた。石製シビや大量の瓦類と並んで、今回の大量仏像塑像類の発見はこの時期の地方寺院の性格を考えるうえで注目されている。

同年には茨城県結城廃寺跡からも奈良時代の大量の塼仏群が文字瓦、軒平瓦類など一緒に発見された。この廃寺も「法起寺式伽藍配置」をもち、寺域面積が4万平方メートルを超える広大な寺院である。かつて、『将門記』に「法城寺」とあるのは「結城寺」の誤写とする説と、「法城寺」という別の寺が存在していたとする説が対立していたが、今回の調査で「法成寺」と書かれた文字瓦なども出土したため、この論争にも決着がつくことになった。

さらに、奈良時代の名僧行基の寺として知られる大阪府の大野寺に付属する国史跡「土塔」の保存整備事業が実施された。「土塔」は1辺約53m、高さ8mの方錐形の土と瓦で造形された遺構で、大正年間から多くの文字瓦が出土することが知られていたが、個人所有地のため戦後土取り工事が進み、約4分の1が失われる事態となったため、やっと大阪府が買収しての今回の保存調査となったものである。調査では、800点を超える文字瓦が出土し、人物名が多いことから行基の活動を支援した人びとが大野寺に寄進するため自分の名前を記したのではないかと考えられている。

2005（平成17）年には千葉県で奈良時代と思われる2つの「土製仏塔」が揃って発見され、都からかなり離れた遠隔地にも仏教芸術の粋が波及していたことを示している。

地方における寺院調査で近年最も進展がいちじるしいのは、国分寺・国分尼寺に関するものである。

千葉県では、下総国分僧寺・同尼寺の調査が数次にわたって実施され、僧寺が「法隆寺式伽藍配置」であることが確認され、尼寺の寺域の内東辺が300mを越す広大な規模であったことが判明している。さらに、2011（平成23）年には国分寺の台地下にある北下遺跡の調査で、国分寺造営に関係した瓦製作所とその集落が発見されている。

また同県では、上総国分僧寺・同尼寺の調査も数次実施され、僧寺の規模が東西490m、南北330mで塔が伽藍内に含まれる配置と確認され、尼寺も南北380mを越す規模であったことが判明している。尼寺のこの大きさは全国的にみても最大級に位置するもので、このことから中央政府にとって上総国がかなり高い位置にあった証左であると注目されている。

岡山県の美作国分寺跡では2000（平成12）年の塔跡調査で、伽藍内の堂宇建設の順番が推定できる資料を得た。これによると、同寺では金堂・講堂が先に建設され、続いて塔・中門の建設が実施されたようで、このように国分寺内での堂宇建設順序が推定できる例は従来武蔵・下野・上野・下総などでかつて確認されたことがあったが、これらは全てが塔を先行する建設であり、美作国例のように金堂先行の確認はきわめてめずらしいものといえる。

3　中・近世以降の考古学

中世遺跡の調査

鎌倉室町時代の遺跡も近年多数発掘されている。

青森県津軽半島の北端、日本海に面する「十三湖」と呼ばれるラグーン（潟湖）は、この地は朝鮮・高麗の貿易船も来航した中世日本海交易の重要な港湾都市として栄え、その利益を得た安藤氏が勢力を誇った地であった。

この十三湊遺跡の発掘調査は1991（平成3）年から国立歴史民俗博物館が本格的に実施し、整然とした町割りが14世紀から15世紀にかけて建設され、南北に大きな直線道路、東西には大土塁が築かれ、北側に「領主館」や「家臣団クラス屋敷群」が、南側には一般の町屋や寺院が造られていたことがわかった。また、出土した瀬戸焼や能登半島産の珠洲焼を分析した結果、15世紀中葉には繁栄の時期も終焉に近づいたことが判明した。

この事実は文献史料で安藤氏が南部氏との抗争に破れ北海道に逃れた記事と一致することになり、ここでも考古学の成果が従来の史実を追認する結果となった。

戦国・江戸期の遺構の調査

江戸・戦国期の遺構に対する発掘調査は1980年代から一般的に普及し、今では東京・大阪などの大都市圏でも頻繁に実施されている。

古くから調査の行われてきた福井県の一乗谷朝倉氏館群跡では大名館、重臣の屋敷、下級武士や職人の家、寺院などの建物跡が縦横に張り巡らされた街路とともに発見されているが、1998（平成10）年から開始された滋賀県の安土城跡調査でも、

安土城跡で発掘された羽柴秀吉宅跡

羽柴秀吉宅跡や前田利家宅跡、本丸の大手道、天守閣跡（金の鯱出土）、本丸内の天皇を迎えるために造られたと思われる清涼殿と同じ規模の特別な建物などが発掘されている。

また、安土城以前に信長の居城であった岐阜城の調査も実施され、2007（平成19）年には城内に「千畳敷」と呼ばれる石敷遺構が検出されている。

新潟県の鮫ケ尾城は上杉謙信の没後、跡目を巡る戦いで景虎が景勝に敗れた城として知られるが、発掘調査の結果焼けた握り飯も発見された。

大阪市内の発掘調査では、1990（平成2）年代の後半から、秀吉創建時の大坂城関連遺構から金箔を貼りつけた瓦類が大量に出土し、記録に残された黄金に輝く大坂城の実在が証明されている。

さらに2003（平成15）年には、大坂城三の丸堀跡から「冬の陣（1614年）」の犠牲者と思われる傷ついた頭骨や弾丸が食い込んだ板材などが乱雑に投げ込まれて多数発見された。史実による徳川方の意図的な慌ただしい埋め立ての事実が考古学的にも証明されたことになる。

豊臣秀吉が創建した大坂城は、徳川氏によって再構築された新大坂城の地下深く埋没されていたことは、すでに1959（昭和34）年からの発掘調査で証明されていたが、近年、この新大坂城構築のため石垣の石材の供給が六甲山地で大規模に実施されていたことがわかってきた。城郭普請に駆り出された各地の諸大名の「刻印石」が残された石切場跡がここから発掘調査

東京大学で発掘された前田藩上屋敷跡

されたのである。

1984（昭和59）年からの東京大学構内遺跡調査では加賀・前田藩上屋敷の広大な敷地内から、豪華な土器類や調度類の遺物が多数出土し、大藩前田家の威力をみせつけた。ちなみに東京大学の象徴ともいえる赤門は、徳川11代将軍家斉の娘が前田家に輿入れする折に建設された門である。

さらに、1995（平成7）年からはじまった東京汐留遺跡では大小の大名屋敷跡が発見され、広大な面積を誇る仙台伊達藩下屋敷跡からは全長210 m、幅100 m、石垣の高さ3 mという壮大な船着き場が発見されたのに対し、小藩の屋敷では板塀に囲まれ船着場も土で固めたぐらいという貧相な状況も明らかにされた。同じ藩屋敷でもその規模によって造作や建築にも大きな差異が生じていることが発掘調査によって明白となったのである。

ところで、2007（平成19）年、16世紀の「大航海時代」に全世界の約3割を賄ったという銀の産出量を誇り、フランシスコ・ザビエルをして「この島を銀の島」と言わしめた島根県の石見銀山跡が「世界遺産」に登録された。1998（平成10）年からの調査で戦国時代から江戸時代にかけての建物跡、道路跡、坑口などが検出され、銀の精錬に用いた鉄鍋や下駄、火箸、タガネ、錘などが出土して「灰吹法」と呼ばれる独特の精錬技術の一端が明らかにされていたが、これらの成果が登録への大きな力になったと考えられている。

近代の遺構の調査

明治・大正時代の遺構も考古学的な発掘調査によって明らかにされている。

1995（平成7）年から東京新橋汐留地区の再開発計画にともない、明治初期に「陸蒸気」が出発した旧汐留駅跡地の発掘調査が行われた。この調査で、汐留駅舎、プラットホーム、転車台などが発見され、明治5年の開通式を髣髴とさせる姿をみせている。現在、この明治時代の新橋駅遺構は高層ビル群シオサイト内に保存されて残っている。

近代の遺構に関する調査としては、横浜市の山下町居留地遺跡の調査も興味深い成果を示している。江戸時代の末期、開国に伴って外国人のために開放された居留地がこの山下町に設定

発掘された汐留駅舎の基礎部分

されたが、1923（大正12）年に起こった関東大震災で建物のほとんどが崩壊していた。調査では、六角形、四角形のドイツタイル、耐火煉瓦、ラムネ瓶、土管などが出土し、繁栄期の町並みを髣髴とさせている。

第6章　さまざまなテーマの研究から

1　鳥の考古学

1993（平成5）年、大阪府四条畷市の雁屋遺跡の方形周溝墓から「ニワトリ」を模した鳥形木製品が出土した。形状はノド部に刻みがあり、くちばし部にも切り込みが残されている、かなりリアルな「鳥」を意識した製品である。

弥生時代にはこのような「鳥形木製品」が多数出土することが知られていたが、これまで発見された約80例中、北九州地方での出土例はわずか2例にすぎず、9割以上が近畿、北陸、中部地方からのもので、中でも石川県小松市の八日市地方遺跡からは28例という大量の検出が報告されている。しかし、雁屋例のように墓遺構からの出土例は稀で、ほとんどが集落の環濠や井戸付近、河道跡からの発見であった。今回、墓遺構から発見されたことは弥生人と「鳥」との関係を考えるうえで重要な例である。

そもそも「鳥」を意識した例としては、縄文土器に「水鳥」の線刻画が発見されて話題になったことがある。千葉県佐倉市の吉見台遺跡で出土した後期の縄文土器表面に一羽の「水鳥」が描かれており、調査担当者は「祭祀的なものではなく、日常

池上曽根遺跡出土の鳥形木製品

的な風景として描いた」可能性が高いと推測している。しかしながら、この時代から鳥が人間に近い生き物として意識されていたことはたしかである。

従来、弥生時代遺構から発見される「鳥形木製品」は胴体部に穿孔があり、そこに棒状、柱状の物を突き刺して、集落の入り口部や大型住居の屋根部に取りつけたものと思われる。

このような出土状況や木製品の形状などから、従来次のような諸説が提起されてきた。ひとつは葬送儀礼に伴う製品であるというもので、古墳時代に古墳周辺から「鳥形埴輪」が発見される例ともリンクした説。2つ目は、狩猟や作物豊穣を祈願したもので、「鳥」を神が司った使者の役目をもつと考え、集落の出入り口部や倉庫屋根に掲げることで日々の食料獲得の祈願と、秋の豊作を招来したとする説。そして3つ目は、集落民の安寧と健康、長寿を祈念して神への生贄儀礼として集落入り口部に置いたとする説である。これらの説が成立するためには、先にも触れた「鳥形木製品」の使用方法がたしかなことが前提となる。2000（平成12）年までに調査された八日市地方遺跡の28例は全てが河川跡からの出土で、何点からは焼けた痕跡がみつかっていることは、従来の諸説に大きな変更を迫る可能性がある。

「鳥形木製品」は7世紀以降の遺跡からも出土している。1991（平成3）年から発掘調査が実施された長野県の屋代遺跡群では、500点を越す蛇形、鳥形、馬形、人形の木製品がさまざまな未製品ともども出土した。同遺跡からは、100点を超える「木簡」の出土もあり、科学保存処理された大量な木製品の分析が今後期待されている。これらの木製品は水辺の祭祀遺構に伴って検出されているため、7世紀までは「蛇形・馬形・鳥形」木製品の組み合わせを使用する祭祀行為が執行され、8世紀代に入ると「人形木製品」が加わる祭祀に変化していくと考えられている。弥生時代から続く「鳥形木製品」を使った祭祀が、古墳時代にまで継続されていたことがわかる。

先にも述べたように、古墳からは「水鳥形埴輪」がよく出土する。2003（平成15）年度に発掘調査された中期の大型前方後円墳である奈良県の巣山古墳（全長約220m）からは3基の同埴輪が発見されている。前方部に付設して発見された「出島状遺構」から、蓋形、家形、盾形埴輪などと一緒に出土したも

水鳥形埴輪
（千葉県嶋戸東遺跡出土）

ので、「水鳥形埴輪」は高さ約60cmのものが2基、約45cmのものが1基であった。これらは水面に浮かぶコハクチョウを写実的に描いて製作されたものと考えられている。一方、和歌山県の岩橋千塚古墳群内にある大日山35古墳からも2006（平成18）年度に高さ約46cm、幅約65cmの翼をひろげて滑空している姿勢を示す「鳥形埴輪」が出土した。鷹狩りの鷹をモチーフしているとの説もあるが、空を飛んでいる鳥を描いた埴輪はわが国初の出土である。

このように、古代における「鳥形」木製品や埴輪類は豊穣をはじめ何らかの祭祀・儀礼行為と密接な関係をもって製作されたものと推測されている。

2　天文の考古学

1983（昭和58）年に壁画が発見された明日香村のキトラ古墳は、発見時に四神の鮮やかな極彩壁画とともに天井に描かれた天文図「星宿図」の存在が確認され、研究者間では最大の関心事となった。68 の星座、約 350 の星、天空中心を横切る黄道は東アジア世界最古の天文図として注目されただけではなく、この星宿の現す天体図の位置関係から古墳造営の時期も推測されるといった「天文学」と「歴史考古学」の融合という、従来ない学際的研究が示唆された。

この古墳に埋葬された人物は 7 世紀末から 8 世紀代の 50 ～ 60 歳代老年の男性と推定されている。高松塚古墳よりやや前の造営古墳と思われる。

天文図の解析から、この天体関係を描いている地点は現在の古墳位置よりもう少し緯度の高い朝鮮半島のピョンヤン付近からみた星宿図との説もあり、高句麗の影響がかなり強いと考えられている。古墳の被葬者が死去にあたり、自分の故地の夜景を描かせたのであろうか。

古代の人が太陽、月、星などにどのような意識を持ち、かつどの程度の天文知識を有していたのかについては、縄文時代の「環状列石遺構」の研究からも解明されている。秋田県の大湯環状列石は縄文時代後期の代表的ストーンサークルとして知られるが、直径 46m の万座環状列石群と同じく 42m の野中堂環状列石群が 15m ほど離れて造営されている。1931（昭和 6）年の確認以来数次にわたる発掘調査により、周辺部にも多数の列石遺構が確認され、遺跡全体の広さは 25 万㎡にもなることが分かった。

このような環状列石遺構はどのような目的で造営されてきたのだろうか。

大湯環状列石全景（上）と野中堂の特殊組石遺構（日時計）

古くから多くの研究者がさまざまな説を提起してきたが、近年の調査で環状を構成する土坑内の土壌を科学分析した結果、「高等動物」「人間」特有の高級脂肪酸が検出された。この土坑内に人間などが埋葬されていたことが証明されたのである。縄文ストーンサークルは環状に構築された集団墓地の可能性が高まったことになる。

しかし、最近の研究では環状列石遺構には別の意味もあることが判明している。野中堂と万座のそれぞれ二重にめぐる環状内側に「特殊組石遺構（日時計)」と呼ばれる大小の石を集石させて固まりが各1ケ所確認されている。この2ケ所の「特殊組石遺構」を直線で結んだ線の延長上が「夏至時の太陽が沈む方向」を示している。

つまり、2つの環状列石遺構は個別に作られながら、実際は当初から計画的に意図されて造営されていたのである。このような、天体の動きに合わせた縄文人の造営物は石川県のチカモリ遺跡などで発見された木柱のサークル遺構などでも確認されており、当時の人びとが太陽や月の動きに合わせて何らかの祭祀行為を行っていたことが推測されている。

環状列石遺構自体が集団墓地であることが確認されている背景から、ここで行われた祭祀は「死者の冥界へのはなむけ」か、「死後世界への鎮魂」か、もしくは「人間の死自体への畏怖感」を天空に祈ったものと思われる。古代人はかなり早い段階から自然信仰については天空の運行を熟知理解したうえで行っていたといえる。

3　文字の考古学

1996（平成7）年、三重県の片部遺跡の水路跡から4世紀前半古墳時代前期の土器に墨書で「田」もしくは「虫」という字が書かれたものが発見された。さらに、翌年、熊本県の柳町遺跡の井戸跡内より木製鎧留め具が発見され、そこにも「田」と思われる文字他合計5文字が確認された。時期は先の片部遺跡よりやや古い4世紀初頭段階と思われる。

ところで、わが国における正式な文字の伝来は文献資料などによれば5～6世紀に百済から来た渡来人によると記述されている。しかし、考古学的には3世紀段階から鏡などに「紀年銘」と呼ばれる漢字での年号が彫りこまれた例が多数発見されている。この「紀年銘」は鏡製作者が「宝鏡」「嘉祥鏡（皇帝の健勝や帝国の安寧を祈念する神仏への祝詞）」として刻んだもので、日本で製作された鏡でも単にそれを模倣したと考えられ、日常的に使用する文字としての意識で刻まれたとは考えられていない。

このため、わが国で日常的にかつ本格的に文字が使用されるようになった時期については前記の4～5世紀代が穏当な説として定着していた。

2002（平成14）年12月、常磐新線（つくばエクスプレス）建設に伴う発掘調査が実施されていた千葉県流山市の市野谷宮尻遺跡の3世紀中頃と思われる竪穴式住居床面から、1点の墨書土器が出土した。土器は無頸壺で、口縁部の上端に筆を当てて書きはじめた文字が確認された。赤外線カメラなどの科学的分析によれば、書かれている順が明瞭に判明した。専門家によれば、この筆順から考えられる文字は「文」か「久」か「父」の3種だという。

3世紀代以前と思われる「墨書」土器または「文字線刻」土器の例は、これまで数点報告されているが、それらの多くは「文字」としては必ずしも明確でなかったり、「ト」「大」といった記号とも思える例が多いのが実情であった。すなわち、日本列島に居住していた人びとが言語として「文字」を意識しての借用ではなく、使用するようになったのはやはり3世紀代といえるのである。しかも、「田」とか「虫」といった農耕関係を連想させる文字を残している。

そのような中で、今回先記のような千葉県での発見はわが国における「文字」使用の問題を考えるうえで重要な意味をもつといえよう。ひとつは、墨書きされた土器が地元産の粘土を使用して焼いたと思われる点で、少なくとも3世紀末に東日本の端地に文字を使い慣れた人物がいた証明となっている。第2には、この土器が発見された竪穴式住居内からは、北陸系、畿内系、東海系の土器も一緒に出土しているため、上記の人物の出自がその方面、つまり当時の東日本からみれば文化先進地から移動してきた可能性が高いことを示唆しているのである。

3世紀後半期は、歴史上有名な邪馬台国が中国との交流を活発化した時期であり、先進事物が多数中国大陸はじめ朝鮮半島からも渡来したものと推測されている。そのような中に中国文化の真髄たる「漢字」と「筆」が含まれていたのであろう。新文化に触れた古代人の衝撃はいかほどであっただろうか。

4　集落論研究の動向

集落論研究は墓制論研究・祭祀論研究と並んで考古学における基本的な社会構成復元研究の一翼を担うものとして、古くから重要な部分を占めてきた。事実、全国で実施されている発掘調査で最も多い対象遺構が「住居跡」「集落遺構」である。

1990年代後半から2000年位までの「集落論研究」は、考古学全般の研究動向と軌を一にするように低迷していたと思われる。その背景には、バブル期に実施された発掘調査の成果が膨大すぎて、そのデータ処理自体に追われて資料をじっくり再構築したり、考察する事態が停滞しためと考えられている。

1980年代後半から90年代にかけて、佐賀県の吉野ヶ里遺跡の全貌が明らかになるにつれ、これを契機にいわゆる「環濠集落論」が全国的に活発となる。中でも、多数の環濠集落が検出された近畿や南関東地域での研究は従来の弥生時代集落研究をさらに深化させ、ほぼ「環濠集落」論については到達点に達したといえる。

この時期は、古墳時代で群馬県の三ツ寺遺跡の発掘に代表されるいわゆる「豪族居館・首長居館」遺構の検出が注目された。方形の環濠に囲まれた敷地内に、大型掘立柱建物群と竪穴住居

三ツ寺遺跡の豪族居館遺構

群とが企画的に存在し、大量の石製模造品等祭祀関係遺物が出土する様相は、その後全国各地で類例の発見が相次ぎ、従来希薄であった「古墳時代首長層」の生活実態解明に大きく貢献した。

その一方、1970年代から大阪府の嶋上郡衙跡遺跡以来、全国で同様な郡衙遺跡が発見され、奈良時代地方行政拠点である郡衙と付属集落との研究に拍車がかかった。宮城県の多賀城では外郭に計画的な集落が道路とともに造営されていたことも判明した。さらに、国府関係の調査も茨城県の鹿の子遺跡での「漆紙文書」発見にみられるように、肥後、近江、筑後、武蔵などいくつかの国分寺と国府との関係を解明する事例の発見が相次いだ。

福島県白河郡衙関和久遺跡の堀立柱建物跡

そうした中、古代の幹線道にからむ駅家をめぐる遺跡も静岡県の御子ケ谷、兵庫県の小犬丸遺跡のように「駅」名記入の墨書土器類の分析から判明してきた。これらの調査結果を契機に「古代の道」研究会が創立され、全国レベルでの統括的な研究が進捗することになった。

また、1990年代後半は2つの「都市論」に翻弄された時期と総括することができよう。

まず、「縄文都市論」が、1992（平成4）年から調査が開始された青森県の三内丸山遺跡の成果をうけて、一部の研究者から提唱された。従来の縄文集落像としては、戦後の早い時期から分析されてきた中部高地縄文中期集落の実態から復元された、小集団の短期存立の集落像が確立していた。日々の食糧資

兵庫県の布勢駅家跡で出土した瓦葺建物の基礎

源獲得のために少数で格闘する縄文人の姿がそこにはあった。しかし、新しい縄文集落論は、数千年という長期間継続され、同一時期には全集落員が500人を超える大集団の「都市」像へと塗り替えられた。しかし、これらの新縄文集落像にたいしては2000年代に入って批判が提起されている。

ほぼ時を同じくして、大阪府の池上曽根遺跡の調査成果が順次公表されてくるにつれ、関西の研究者を中心に「大規模な弥生都市論」説が展開された。一般の弥生集落規模をはるかに凌駕する、何重にも巡らされた環濠、130㎡を超える独立棟持柱を備えた巨大な掘立柱建物の「神殿」、遺跡全面積から同時期に1000人を超える人口を擁していたと推定される「国」、これらが「弥生都市国家」論を醸成させていった。この動きは、吉野ヶ里遺跡における「大環濠集落」=「邪馬台国以前の大クニ」とする説とたがいに反響し合ってさらに高揚していった。

しかし、これらについても、2000年代に入って「都市」自体の定義も含めて、弥生社会論の再考という視点からの新たな自重・批判論が出ている。

2000年代に入り、先にも述べたように生業論・交易論・祭祀論に比べて集落論全般はやや停滞気味であり、その中で縄文時代に関してだけは精緻な研究分析法により新たな成果が挙げられている。

第７章　注目される出土遺物

遺跡からは、さまざまな遺物が出土するが、それは遺跡の主体となる時代や、遺跡の性格、発掘調査の規模などによって、出土量も性格も大きく異なる（ちなみに三内丸山遺跡では「テン箱」と呼ばれる長さ70～80㎝、幅40～50㎝、深さ20～30㎝の強化プラスチック製の箱に３万箱以上もの土器が出土している）。出土遺物は人工遺物と自然遺物に大別されるが、ここでは主として近年発掘された人工遺物について特筆すべき情報を紹介しよう。

１　土　器

縄文土器

世界で最も古い土器は西アジアで制作されたとかつては言われていたが、最近の研究で科学年代分析が実施された結果、今から１万２千年以上前に出現してくる日本の縄文土器もかなり古い段階で制作された土器群のひとつと捉えられている。

土器制作時の燃焼温度などで､「酸化炎による燃焼」土器（縄文土器のように野火で燃焼させてつくる）と「還元炎による燃焼」土器（須恵器のように閉鎖された登り窯内でつくる）とに

分類される場合もあるが、日本では一般的には制作された時期の名称で区別している。

縄文土器は明治初期に来日して大森貝塚を発掘調査したエドワード・S・モースが、その報告書中英文で使用した単語「コードポタリー」を後日日本語訳した折に「縄文」と命名されたものである。この縄文時代は土器の形態や文様特色などから、大きく６期に分けられると考えられている。

草創期：今からⅠ万５千～７千年前に出現。方形平底か円形丸底をした深鉢土器が多いのが特色で、文様は粘土紐を表面に付けただけの「隆起線文」や爪でかいたような「爪形文」がよくみられる。愛媛県の上黒岩遺跡、長崎県の福井洞窟、同じく泉福寺洞窟遺跡などが代表的な遺跡である。

早期：縄文土器が汎日本的に出現してくるため、各地でさまざまな種類の土器群が確認されている。関東では底が尖った形をした「尖底土器」が特徴的に出土して、土器の上部を中心に「撚糸文」を施す例が多く、中部から近畿にかけては「押型文」がみられる。鹿児島県の上野原遺跡は姶良火山噴火以前に集落が営まれたこの時期の代表的な遺跡で、燻製を製造したと思われる「煙穴遺構」なども検出された。

前期：東日本では平たい底をもつ深鉢土器が多く、形態も多種になり浅鉢形や壺形土器も出現してくる。西日本では尖った底や丸い底もまだ残ってみられる。文様では東日本で多彩なさまざまな縄文が施されるが、西日本では原則的に文様が少ない場合が多くなる。トイレ遺構や多数の「丸木舟」が出土した福井県の鳥浜貝塚などが代表的なこの時期の遺跡である。同遺跡では、河川跡と思われる地点から「糞石」といわれる「糞の化石」が発見されているため、この地点が「トイレ」的な箇所として使用されていたのではと推測されている。

中期：ある意味では「日本の縄文土器の顔」とも言うべき、立体的な装飾を多種多様に施した文様をもつ深鉢土器が、関東から中部にかけて出現する。「火炎土器」といわれる新潟県の馬高遺跡出土例が著名で、かつては郵便はがきの図案にもなった。青森県の三内丸山遺跡の主体時期はこの時期である。また、

馬高遺跡出土の火炎土器

長野県の尖石遺跡に代表される中部山岳地方の中期遺跡からは独特の文様を施した深鉢土器群が大量な「打製石斧」類を伴って出土したことから、かつて「縄文中期農耕論」が提唱されたこともある。

後期：用途に応じて器種が多用となり、浅鉢、壺、深鉢、台付鉢、皿などが出てくる。さらに、注口土器と呼ばれる「ヤカン形」土器も各地で発見されるようになる。器壁が薄くなり、文様も簡素化され、摩消縄文が発達し、施文に全く縄文を使わない場合も増加してくる。東京湾東岸地域、現在の千葉県に広がる曽谷、堀之内、藤崎堀込、加曽利、西広貝塚などの大型馬蹄形・環状貝塚群はこの時期を中心に形成されたものである。

晩期：青森県の亀ヶ岡遺跡出土の「亀ヶ岡式土器」に代表される精緻で漆を使った色彩豊かな土器が出てくる。この土器群は極薄い器厚で精巧な調整を施している。西日本では器種も少なくなり、粘土紐を貼っただけの「凸帯文土器」が出てくる。岩手県の大洞貝塚もこの時期の代表的な貝塚遺跡である。

亀ヶ岡式土器（青森県石亀遺跡出土）

弥生土器

この土器は、明治初期に東京の文京区向岡弥生町で偶然発見された壺形土器に、後日出土地名を付与して命名されたものである。東京大学の学生であった有坂氏らが表土に埋もれていた土器を発見し、この土器がそれまで知られていた縄文土器や土師器（当時は祝部土器と呼ばれていた）とは全く異種の土器であったために、後日この名称が付与されたのである。焼成法としては、原則的には縄文土器と同じ「酸化炎」焼成によるものだが、根本的に違う点は土器全体に施された「文様」の簡素性にある。弥生土器には縄文が一部付けられている場合もあるが、基本的には沈線で、区画に縄文などではない単純な文様を使っている場合が多い。

向岡弥生町で発見された壺形土器のレプリカ

1936 ～ 37（昭和 11 ～ 12）年に京都大学などが実施した奈良県の唐古遺跡の発掘調査で出土した大量の土器群を、出土土層を参考に時間的に古い順に形式を第１様式から第５様式まで区分したものが現在の「弥生土器編年（土器の形式や文様から年代の新古を決める一覧表）」として全国的に適用されている。すなわち、ある地域のどの弥生土器が畿内地域のどの様式と類似するかを把握して、この地域の「弥生土器編年」が「畿内の弥生土器編年」とどのような並列関係が成立するかという細かい分析を繰り返すことで、全体の土器像が判明してくるのである。

たとえば、現在関東地方で弥生時代中期の代表的な土器形式のひとつが「宮ノ台式」と呼ばれる形式のものであるが、駿河湾沿岸の１群の土器群と畿内の中期土器と並列関係が証明され、その駿河湾沿岸の土器群と関東地方の「宮ノ台式」土器とがほぼ同じ土層から出土した点から、畿内の○○様式とこの「宮ノ台式」と並列することが確認され、時期的な確定をすることになる。

古墳時代の土器

古墳時代にはいると、縄文時代から連綿と続く「酸化炎」焼成の伝統を引き継ぐ「土師器」と、大陸・朝鮮半島から技術が伝来した「還元炎」焼成の「須恵器」が出現してくる。「酸化炎」焼成は一般的には「野焼き」焼成のことになるから、どんなに条件が良くても焼成温度は 800 度くらいにしかならない。

土師器（左）と須恵器

一方硬い「須恵器」を焼くために構築される「のぼり窯」内の温度は最高で1200度くらいにまでなるため、細かい装飾や子持ち壺のような複雑な細工を施した土器なども制作することが可能となる。実際、須恵器の中には10㎝前後の相撲をとる2人の人物像をリアルに再現した造作や小さい土器をいくつも肩部に付けている例などさまざまな例も発見されている。

2　土製品

「土製品」として代表的なものは、縄文時代の「土偶」と古墳時代の「埴輪」であろう。その他にも縄文時代の「土製円盤（円形のメンコのような板状品）」「土版（文様が付けられた護符と思われる）」「土製耳飾り」「土製ペンダント」などさまざまなものが作られた。

「土製耳飾り」は縄文後期～晩期の遺跡から何百点という単位

で出土するため、当時の人たちが日常的に使用していたと考えられる。このほか、一般には次の「石製」で作られる「刀」「勾玉」「丸玉」「独鈷石」「剣」などがあえて「土製」で作られている場合もある。

土　偶

全国の縄文遺跡で出土するが、主に中部・関東・東北地方での発見例が多く種類も多種にわたる。形状からいくつかの種類に分けて考えられているが、よく知られているのが「ハート形土偶」という顔の形状が「ハート形」をしているところから命名されたもの（北関東地方に多い）と、「遮光器形土偶」と呼ばれる目の部分に北方民族が雪の反射光を防ぐために使用する「遮光器」らしき造作がされているところから命名されたもの（東北地方に多い）である。この他、三内丸山遺跡出土で出土して有名になった「板状土偶」などもある。

遮光器形土偶

1980 ～ 81（昭和 55 ～ 56）年、中央自動車道の建設に伴い発掘された山梨県の釈迦堂遺跡からは、中期代を中心とする総計116個の「土偶」が出土した。これらの土偶は現在、遺跡に近い「釈迦堂サービスエリア」に隣接する資料館に展示されている。

最近の発掘調査でも縄文時代中期から晩期の大集落であった千葉県の内野第1遺跡から400点を超す「土偶」や118点の「土製耳飾り」などが一括で発見されている。「石棒」「石剣」も200点以上出土していることから、何らかの祭祀関係の儀式が執り行われた集落と考えられている。

埴　輪

弥生時代の終末期に吉備地方の墳墓で発見される「特殊器台形土器」が発達して「円筒埴輪」の祖形になったと考えられている。両者に共通する、円文や三角透かしなどから導きだされた説であるが、古墳の発生を考えるうえでもこの説は有力視されている。

人物埴輪

「埴輪」の種類は多種多様であるが、最も多くみられるのが単純な「円筒埴輪」である。さらに、いろいろな家の形を模した「家形埴輪」、さまざまな人物像、武人、鷹庄、相撲取り、女官、琴をひく人などを具象した「人物埴輪」、ニワトリ、鹿、イノシシ、馬など当時の日常的にみかける動物を形にした「動物形埴輪」、外洋や内海で使用したと思われる構造船を模した「船形埴輪」、弓などを入れる袋ものである「ユキ」や防御用の「盾」、貴人の日傘となる「蓋形」などを忠実に再現した「器財埴輪」などの「形象埴輪」がある。

この「埴輪」はどのような意味があって、古墳の周囲に置かれていたのかという点については諸説ある。古くは古墳の墳丘土の崩落を防ぐためという説もあったが、最近では群馬県、千葉県、大阪府などで１古墳から大量に出土したその「埴輪検出配置」からの研究で、王権の継承儀礼の復元だとか、埋葬され

四条古墳出土の木製埴輪部分

た前王の来世での権威維持とする説などいろいろな視点からの説も提起されている。たとえば、群馬県の榛名山南麓に位置する上芝古墳は、6世紀代に築造された「帆立貝式」古墳であるが、1929（昭和4）年に行われた発掘調査で多種の「埴輪類」（楯、ユキ、円筒、巫女、武人、馬など）が検出された。片側に飾り馬2体と馬子2人、反対側に武人3人と巫女1人というこの「埴輪」出土配置の考察から、埋葬された首長の「葬送祭祀」を再現したものと考えられている。

また、奈良県の四条古墳から「木製埴輪」類も大量に出土したため、本来は「土製」だけではなく「木製」の埴輪類も多数古墳の周囲に樹立していたと考えられている。

3　石器・石製品

石　器

石器には「石斧」「石刀」「石皿」「石錘」「石族」「石槍」など、一般には用途が推測される名称が付けられている。しかし、「石皿」のようにいわゆる食器の「皿」として使用されたのではなく、栗やトチなどの木の実を潰す時に台として同じ石を何回も使ったために、中央部が凹んで「皿状」形になったためその形状から生じた呼称もある。

縄文時代の遺跡から多く出土する「石斧」には、石材の周囲を粗く叩き削り落としただけの「打製石斧」と、刃部を中心に丹念に研磨して、さらに上部付近の周囲も磨きを施した「磨製

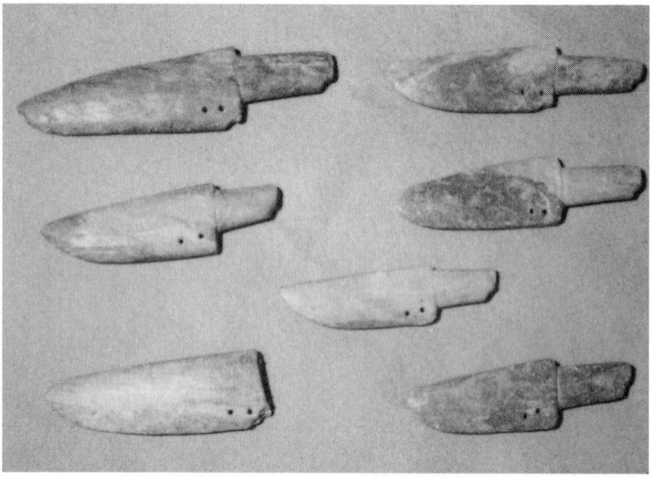

石　刀

石斧」とがある。「打製」は土堀、伐採などに使用し、「磨製」は木材加工や動物解体に使用したと考えられている。

石製品

日常的な道具ではなく、何らかの特殊・特別な場合に使用した石で造った物をさす。「石棒」「石剣」「独鈷石」「御物石器」「石版」「石冠」「玉」など、主として縄文時代遺跡から出土してくることが多い。一括して「祭祀用石器・石製品」とまとめられる場合もあるが、全てがこのような祭祀や呪術行為に使用していたかどうかは不明である。

「独鈷石」は明治末から大正期間にかけて、この石製品が仏具の「独鈷杵」に形状が近似していることから命名されたと考え

縄文の独鈷石

られている特殊な「石製品」のひとつであが、縄文時代中期後半から晩期にかけて東日本各地で発見される遺物で、その性格や用途はまったく不明で判然としていない。しかも、現在までどれぐらいの数が発見・報告されているかも把握されていないのが現状である。ただ、出土した「独鈷石」の両端に意図的な「敲打痕」が残存していることや、一部明確になっている出土状況から何らかの祭祀・儀式に使われたと推測されている。

このように、現状でまだまだ性格も用途も不明な石製品も多数ある。発掘調査現場で「お祭り」「祭祀用」「儀式の使用」と説明された場合には、実は用途や性格もはっきり分からない遺物と理解すべきだろう。

玉

玉は石材次第でさまざまな加工ができるが、一般には「管玉」「勾玉」「丸玉」と形状によって名称が付けられている。石材は原産地が限定される場合が多く、縄文時代に多い「黒曜石」は

子持勾玉

噴火に伴う火山岩の一種で、火山列島である日本では各地に産出地があり、その主要産地は隠岐島、伊豆諸島、長野県八ヶ岳、同和田峠、同霧ヶ峰、伊豆半島、北海道などである。

近年の科学的な分析研究の進化により、「黒曜石」の個別の産地までも明確に判断できるまでになっている。東京都の中里貝塚（厚さ6～8mの貝層が検出された大型貝塚）出土の「黒曜石」は長野県の和田峠産、また青森県の三内丸山遺跡出土のそれは北海道産と判明している。

古墳時代の祭祀物と考えられている「子持勾玉」という滑石製の大きな勾玉の背に小型の勾玉を付けた特徴的遺物がある。この遺物なども、出土状況が井戸や水辺の祭祀遺構の近くで発見される場合が多いため、何らかの「祭祀」「儀礼」に使用した遺物という解釈とがなされている。

4　金属製品

日本の原始文化はヨーロッパのように「石器時代→青銅器時代→鉄器時代」と推移することはなく、青銅器・鉄器がほぼ同時期に大陸から伝播する。

青銅器には「矛」「剣」「鐸」「鏡」など実用品というよりは、祭祀具、儀礼具として使用されたと思われる製品が主に出土している。中でも「銅鐸」は古くから謎の青銅器といわれ、その性格や用途がはっきりしない遺物の代表例である。

1996（平成8）年、島根県の加茂岩倉遺跡で39口の銅鐸が一括で出土した。しかも､これらの銅鐸の中にはそれまで四国、近畿、北陸地方で発見された銅鐸と同じ「鋳型」で製造されたものが含まれていたのである。つまり、同じ鋳型で製造した銅鐸がどういうわけか全国各地に分配されていたことになる。

このように、青銅器の中には「銅鏡」でも同じ鋳型で製造された物が全国各地で多く発見されている。邪馬台国問題で脚光を浴びた「三角縁神獣鏡」も同じ鋳型製造鏡が多くの地域で発見されており、この分配現象を、中央の王権がその権威を示すために服属した地方の小国王に意図的に配布したとする「分有論」が提起され、邪馬台国からヤマト王権への政治的進展を示しているとする説の根拠にもなっているのである。

現在まで発見されている鉄器・青銅器の約8割は主に西日本各地で出土している。東日本では、小型の「鉄剣」「銅剣」「鉄刀」「銅釧」「鉄釧」（釧は金属製品を輪状に細工する遺物）が主として弥生時代から古墳時代にかけての墳墓遺跡から出土するが、それの絶対量は必ずしも多いとはいえない。神奈川県の受地だい山墳墓群からは数百の「丸玉」類が出土したが、主体の埋葬者の副葬品と考えられている。

2007（平成18）年10月、長野県県北の中野市の柳沢遺跡で「銅戈」「銅鐸」が一括で出土した。その内の1点が「九州型銅戈」と呼ばれるタイプで、従来は畿内までの西日本での出土例しか報告されていないものであり、東日本での発見は初のことである。どうして、このような九州タイプが中部地方に伝来されたのか、さらになぜ「銅鐸」と一緒に埋納されていたのか、今後の分析研究が期待されている（最終的には銅戈8点、銅鐸5口）。

このように、金属製品の出土状況には従来の定説を大きく揺るがすようなケースが突然出現することがあり、かつて言われていた「畿内中心の銅鐸文化圏」×「北九州中心の銅剣・銅矛文化圏」という明瞭な対立構図は崩れている。しかも、佐賀県の吉野ヶ里遺跡においても「銅鐸」が出土する状況になっており、この柳沢遺跡の例と絡めての「金属分布圏再検討」論が提起されてくることになる。

5　骨角器・貝製品

縄文人たちは狩猟した動物の角や魚類の骨などを加工して

「ヤス」「モリ」「釣り針」などの漁労具を製作した。貝塚からこれらの製品が多数出土するが、中には獲物の魚に突き刺さった状態で発見される例もある。貝塚からは、貝を加工した「貝輪」「貝包丁」「貝刃」「貝製装飾品」なども多く出土する。

漁労具の中で「刺突具」といわれるモリとして使用された骨角器の一種は、朝鮮半島と北九州地域とに跨って分布していることが分かっている。縄文時代に朝鮮海峡を挟んで、同種の漁労行為が展開していたことが証明されている。

シカやイノシシの骨角を加工して「装飾品」とする例も多いが、青森県の寺下遺跡からは「腰飾り」「首飾り」「ヘアピン」として文様を精緻に刻み込んだ遺物類が発見されている。そのひとつが男性の墓から出土していることから、「副葬品」と考えられている。

近年の貝塚調査では、地点ごとの「貝層」を柱状にたとえば40cm×40cm×100cm といったようにブロックで全て取り上げ、その中の組成状況から貝塚の性格を把握しようとする精緻な分析研究が実施されている。この結果、貝種の割合から、地点ごとの分布状況なども分析され、さらに出土貝の「成長線分析（貝は季節によって成長する度合いが異なるのであるが、その成長の差異が貝の表面に出てくるのが成長線として現れる)」などから縄文人らが季節性を考えて貝の採取を行っていたことが推測されている。

「オオタツノハ」という貝は主として沖縄諸島や奄美群島などにみられる南洋産の２枚貝であるが、これを加工した「貝輪」

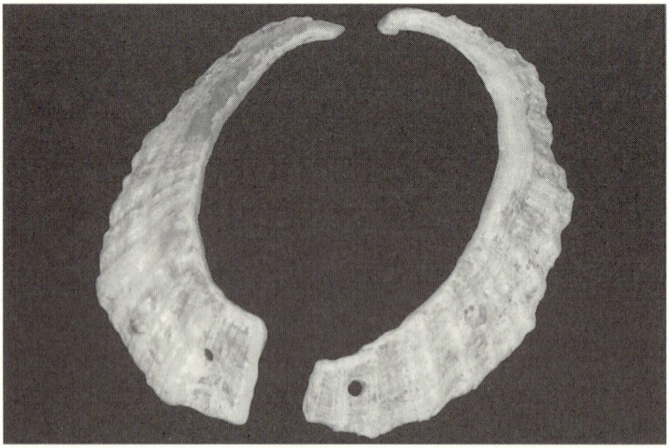

オオタツノハ製の貝輪（千葉県西広貝塚）

が関東地方や東北地方の遺跡でもときおり発見される。貝自体が黒潮に乗って漂着したのか、それとも何らかの交易で交換されてこの地方にもたらされたのか不明であるが、2000～3000キロの距離を移動してきたことは間違いない。このように、貝種の研究によって当時の海洋気温や気候などにも言及できるようになっている。

6　布製品・紙製品・木製品

日本列島は火山島のため原則的に土壌は「酸性土」で、有機物は土中に埋蔵されると早い時期に溶解するのが一般的である。この溶解進度は、何らかの「アルカリ性」、たとえば「貝類」「硫黄・石灰岩地」「沼沢地」「流水地」といった要素が加味、補完されると遅くなることが知られている。つまり、布とか木材とかが埋没した場合、その地点が貝層の中や絶えず水が流れるような河川、沼沢地であれば、そのままの状態で保存されることになるのだが、そのような状況下で布製品や織物類が偶然、発見されることがある。

三内丸山遺跡で「縄文のポシェット」と名付けられた、植物のツルで編んだ高さ20cm足らずの小型袋が出土したことは、マスコミでも大きく報道されたが、福岡県の正福寺遺跡では縄文後期の土坑中から蔓で編んだ籠状容器が出土し、その中にドングリが大量に保管されていた。この遺跡では合計で60基以上の土坑遺構が検出されたが、編み籠に入れたドングリ貯蔵用に造られたものもあったと推測されている。また、新潟県の青田遺跡では長さ3.5mもの竹笹に樹皮を編んだ「敷物状製品」が良い保存状態で発見された。これらは、ともに遺跡内でも最も湿った地点での検出であった。まさに奇跡的な保存状態の中での発見といえる。

東北地方縄文晩期の遺跡からは、漆を塗った木製品がよく出土する。「漆塗り櫛」「漆塗り木製容器」「漆塗り柄杓」などで、漆を塗ることで保存力・耐久性を高めようとしたものと思われる。漆の採取は時間と労力がかかるものであるが、その特性を熟知しての縄文人らが活用したものと考えられている。

木製品の代表としては「丸木舟」「農耕具」「木簡」などをあげることができる。先にも述べたが、遠隔地の「黒曜石」がなぜ出土するかというと、これは「丸木舟」などで運ばれてきた

縄文期の漆塗り櫛（福井県鳥浜貝塚）

からと考えられている。現在まで、日本全国で縄文時代から古墳時代にかけての「丸木舟」が約 400 隻確認されている。土壌面や地形などの保存条件が良い点からか、千葉県と滋賀県、島根県に多く発見されている。千葉県では、九十九里浜の北部旧椿海といわれた内湾周辺地域で多数発見されているが、中小河川の川底に水にパックされたような状態での発見例が多い。出土する「丸木舟」の発見標高を分析すると、現高 4 m ラインに集中していることから、旧椿海の平均水面標高がほぼこの高さであったことが推定されている。保存状態が良ければ、東京都の中里貝塚で発見されたように長さ 6 m クラスの「丸木舟」も出土する。

古く静岡県の登呂遺跡や山木遺跡で大量の「木製農耕具」類が発見され、弥生時代の水稲農耕に多数の「木製具」が使用されていたことはすでに述べたが、「鍬」「鋤」「田舟」「槌状具」「握り棒」「梯子」など用途の明確な種類から、形状からでは用途不明な遺物類までいろいろである。

近年、南九州地域で弥生時代の水田跡がいくつか発見されている。鹿児島県の楠元遺跡では河川跡や溝跡から「鍬」を中心にさまざまな木製品が検出された。また、同じく京田遺跡からは水田跡から「杭列」「板列」などが畦跡と一緒に検出され、「田下駄」「鍬」などの木製農具類も出土している。出土した「鍬」の形式などを詳しく分類することで、水稲農耕の伝播状況などの研究にも大いに寄与することになる。

「木簡」は官公庁間の文書、付け札、和歌や文書の習い書などとしてに使用されたたものであるが、何回も使用したために木片自体が削られて薄くなっていることが多いのが一般的で、全国では35万点も出土している。主に7～9世紀に盛んに使用されたようで、1970年代に発掘調査された静岡県の伊場遺跡では181点も出土したが、地方では初の「木簡」の大量出土遺跡となった。

7　人　骨

人骨のみならず動物の骨や角も、土中ではすぐに溶解する有機物である。人骨の腐敗進行度については「カスパーの法則」

と呼ばれる科学的な基準が存在する。それは、犯罪捜査などで多用されているもので「死体の空気中、土中、水中での腐敗進行度が8：2：1」とするものである。しかし、先にも述べたように貝塚内のような保存条件が揃っていると発掘調査で検出される場合もよくある。

1926（昭和元）年、千葉県の姥山貝塚の住居跡から、折り重なるような5体の人骨が出土した。その後、その死因をめぐってや、1住居内の生活人数を推測するうえで話題を提供することになるこのケースも、貝塚内にパックされていたための良好な残存人骨であったたであった。

長野オリンピック関連の高速道路建設に伴う発掘調査で長野県の北村遺跡から、縄文時代中期から後期の人骨が約300体も発見された。川の河岸段丘面での発見であったが、絶え間な

姥山貝塚の人骨出土状況

く流れる地下水が微アルカリ度であったことが、これだけの保存状態を保持できた原因と思われる。発見された人骨からは「虫歯」跡も検出され、稲・麦類を食していない縄文人にもこの病巣があったことが判明した。

人骨の発見は、「日本人のルーツ問題」や「渡来系弥生人の問題」など日本文化の基層を考えるうえで意味な要素をもっている。これまでも、山口県の土井ケ浜遺跡や北九州地方の弥生甕棺墓遺跡から出土した人骨分析が、これらの問題にさまざまな提起をなしてきた。

8　自然遺物

遺跡からは当時の人たちが食した魚介類の残滓物や、採集した後の植物類が出土する場合がある。先にも述べたように、近年の貝塚調査などではある地点の土壌をブロック状に全て採取し、その内容物を克明に精査する作業が実施されている。このため、当時のどの時期にどのような食料資源をとっていたかまで判明する場合もある。

茨城県の大谷貝塚では、出土した魚類の骨を詳細に分析した結果、縄文時代中期には「マイワシ」「ウナギ」を多く採取していたのに、後期になると「スズキ」「キス」「サバ」なども採りはじめることが分かった。このような変化は、貝類でもみることができ、中期代には「ハマグリ」「シオフキ」類が多く、後期代になると「アサリ」が急激に増加する傾向が指摘されている。

また、三内丸山遺跡では周囲の谷遺構から「ショウジョウバエ」の化石類が多数検出されており、縄文人らが食料の残滓物を谷部に廃棄していたためと考えられている。

第8章　遺跡の調査と保存

1　遺跡調査の顛末

遺跡の発見と調査

建設工事の途次や一般市民の偶然の発見から遺跡がみつかることも多いが、古くからの伝承や言い伝えなどで珍重な遺物が出土した地点も「遺跡」として記録される。あるいは江戸時代に地元の好事家と呼ばれる、今でいえば「考古遺物蒐集家」が多数の遺物を集め、その細かい記録を文書として残しているところもある。各地の教育委員会ではこのような古い記録や実際に現地を歩いて遺物の有無を調べたりして、どの地点にどのような遺物が散布しているかといった「分布地図」を作成する作業を行っている。こうした地図を全部合わせて各都道府県単位での埋蔵文化財分布地図が現在日本全国で完結しており、これらのデータから現在日本には約45万カ所の遺跡が登録されている。

これら「遺跡」として周知されている場所に、何らかの建物や道路などを建築することとなった場合、現在では「文化財保護法」によって必ず事前の発掘調査が必要になる。といっても、すぐに全部の範囲を発掘するのではなく

①遺跡分布図で遺跡とされた地点での開発計画

↓

②開発業者が地域の教育委員会に照会

↓

③教育委員会担当者が現地踏査して遺物の有無を確認

↓

④もし遺物が発見された場合は、埋蔵文化財の質・量の多寡によって立会調査と呼ばれる工事と併行して遺跡の状況を把握、または事前調査と呼ばれる工事範囲のごく一部の面積を試験的に発掘調査を実施

↓

⑤事前調査の結果、遺物の質・量が豊富な場合は本格的調査（本調査）を実施

という手順が踏まれる。一般に発掘調査と呼ばれるのはこの本調査を指す場合が多い。

現在、日本で実施されている発掘調査は、年間約９千件で、そのうち95％以上が開発などに伴う事前調査であり、純粋に学問的研究を目的としての発掘調査はきわめて少ない。そしてこのことは、発掘調査後に遺跡自体が破壊されることを意味している。言い方を代えれば、遺跡の発掘調査自体も破壊であるし、発掘調査後に建物や道路が建設されることも破壊ということになる。事実、現在の東名高速道や東海道新幹線は多数の遺跡が破壊された上を走っているのである。

その一方で、青森県の三内丸山遺跡や佐賀県の吉野ケ里遺跡

のように、多くの人の尽力により保存された遺跡もある。

発掘調査にたずさわる人びと

日本では今、法律的には発掘調査をやる資格や免許といった制限はない。しかし、文化財保護の立場から、たとえ自分の土地で発掘調査をする場合でもさまざまな届出が必要になっている。たとえば、出土した遺物類はいわゆる「拾得物」と同じ扱いになるので、所轄の警察署への届けが必要となる。必然的に発掘調査にあたっては、しかるべき経験とそれにもとづく資格をもった人間がおこなうこととなる。近年、いくつかの機関で「発掘調査資格」を認定する制度がつくられ、実際に認定試験も実施されている。

現在、日本で実際に発掘調査に従事しているのは以下のような人びとである。

①各地の教育委員会の職員

一般に「文化課」「社会教育課」「生涯学習課」などと呼ばれている部署の職員で、考古学や歴史を専門としている人も多数いる。

②各地の公立文化財研究所、博物館、資料館の学芸員

所属としては、①と同じようにそれぞれの教育委員会や国の文化庁などに属すが、普段は博物館などで「展示解説」「市民講座」「展示陳列」の業務を担当し、機会があれば発掘調査をおこなう。高松塚古墳は「奈良国立文化財研究所」が担当した。

③各地の文化財センター、文化財事業団の職員

1960 年代後半から経済成長が急激となると、発掘調査件数も右肩上りで急増したため、県単位の職員数では対応できなくなり、各地に○○県文化財センター、○○県埋蔵文化財事業団といった組織がつくられた。ここには、県の職員や教員として採用された人が発掘調査に従事するため所属していたが、中には財団化しているケースもあり、近年のように調査件数が激減してきている状況でいわゆる「リストラ」される場合もでてきている。

④大学、高校などの教員

1945 年から 1960 年代までは、発掘調査経験者が行政機関に少なかったことと調査件数自体も少なかったため、全国の考古学専攻、講座をもつ多くの大学が自前で発掘調査を実施していた。また、それらの調査を補完する目的で各地の高等学校に設置された「考古学研究会」「郷土史研究会」「歴史部」なども盛んに発掘調査を実施していた。現在ではごく限られた大学や高校で実施されているのみである。

⑤地域の市民レベル研究会の人々

日本考古学が科学的な学問として広く国民に啓蒙されてくるに従い、全国各地に一般の市民らが中心の「○○町の郷土を知る会」「○○公民館友の会」「史跡○○を守る会」などの名称で地元の歴史を探求する会が多数活動するようになった。これらの中には、大学や教育委員会の調査に積極的に参加する例も多くある。

⑥民間の発掘調査会社

現行の法律では、発掘調査に関わる費用は原則として「原因者負担制度」といって全額「遺跡調査の原因」を作った人が負担するが、実際の発掘作業から『報告書』の作成まで、大変な費用と人力と時間がかかる。そこで、現在では全国に多数のいわゆる発掘調査を請け負う「会社」が設立されており、○○文化財研究所、○○考古学研究所、○○文化財コンサルタントといった名称で活動している。

以上の6種の分野の人たちが現在発掘調査に従事しているが、2000年代に入って、政府の民活導入政策で⑥の会社が最も精力的に活動している。

発掘調査の実際

開発などの計画で発掘調査が実施される場合には、調査対象となる面積が限定されるので、その敷地内でまず測量調査をおこなう。この測量では、調査地の形状、面積、高低、標高など主に地形的側面からの考察が中心となる。次いで、調査区の設定が行われるが、事前に予備発掘調査などで遺構の広がり（調査範囲内でどのへんに遺構があるか）が判明している場合には、その地点を重点に調査区を決定する。一般には、具体的な発掘法として「トレンチ（長方形の範囲）」「グリッド（碁盤の目状）」と呼ばれる形状に発掘調査区を設定して、表土から順次下の土層へ層ごとに剥いでいくように発掘を進めていく。お菓子のバウムクーヘンを横にして1枚1枚剥がしていくようなイメージである。

原則的に土層は、年代順に堆積して積み重なっており、下の層ほど年代的に古くなる。江戸時代の遺物が発見される層の下に鎌倉時代や平安時代の遺物が発見される層が検出されるのが原則である。しかし、日本が地震国であることや洪水や土砂崩れ、火山噴火などの自然災害の影響で、遺跡がある地形によっては必ずしも下層が古く、上層が新しくなっているとは限らない。また、いろいろな時代ごとに農耕耕作や土地改良の天地がえしで土層が大きく動かされている場合もある。このように自然状態ではない土層状態を「カクラン層」「撹乱地」と呼んでいる。

このように土層を順番に上から剥いで行くと、ある年代の土層面で明らかに土の色が異なる「シミ」のような部分が検出さ

グリッド調査のようす（千葉県三輪野山貝塚）

れてくる。このような土の色に差異が起こるのは、同じ時代の地面なのに何かの建物や構造物があったため、そこだけ埋没時に時間差が起こったことを意味している。たとえば平安時代の地面に建物の柱を建てたり、畑の畝を造ったりしたとき、その凹部だけが埋もれる時間差で後世違う色の土になるのである。

日本の発掘調査は、このようにある時代の土層面を出し、そこに残った異なる土の形状（黒いシミのようになっている）から遺構の存在を予想する作業が基本となっている。熟練の調査担当者になると、ある程度の形状から「ここには竪穴式住居」「この形状は方形周溝墓」「これは掘立柱建物」とあらかじめ推定して調査を進めることができる。

このようにして発見された遺構はすぐに掘り下げたりはしない。たとえばその竪穴式住居がどのように建てられ、どうして

住居址発掘で設けられた十文字のセクションベルト（千葉県飛ノ台貝塚）

埋もれたかをみるため、中央部に十文字のセクションベルトと呼ばれる十字橋を設定してから、4分1づつ発掘を進める。大きなケーキを4等分に切るような状態で、このセクションは、断面の土がどのように埋没したかという視点で観察してみるといろいろなことが分かる。焼けた竪穴式住居なら、床面に近い土層に「炭」が大量に発見されるし、洪水で埋没した竪穴式住居なら外から流れ込んだ土層がよく分かる。

次に、セクションで区切られた4分の1区画を床面まで掘り進む。床面は地方によって硬さや、凸凹さが異なる。また、一般に竪穴式住居では床面からいくつかの「柱穴」や「炉」「カマド」跡がみつかる。カマドが使われるのは古墳時代からなので、それ以前の竪穴式住居内では一般的には「炉」が作られており、「炉」跡は土が焼けていたり、大きな石で囲んでいたりしている。

竪穴式住居は何本かの太い主柱を建て、そこに棟木を差し渡して屋根を作り、その上に「茅」「藁」を積み上げて雨露をしのぐ構造になっているのが普通である。このため、竪穴式住居跡からは原則的に「柱穴」が規則正しく発見される。柱穴は床の中央部だけではなく、壁際に沿って発見されたり、床の外側で発見される場合もある。

現在、全国各地でみられる復元竪穴式住居は、一見同じような形状にみえるが、細部をよく観察するとかなり違う所が多いことが分かる。その理由は、発掘調査で「焼失住居」などが発見された場合、棟柱や主柱木などが床面に倒れている状態で検出されるが、このときの木材の配置状況や大きさ、材質などをもとに建築の専門家が復元プランを想定するので、いわゆる「上棟構造（地上に出ている部分）」はさまざまなのである。

発掘調査が進んでさまざまな遺構が姿を現してくると、全体の遺構実測図が作成されが、発掘調査開始前にすでに調査区全体の測量図と地形図とが作成されており、現在では測量技術も進歩して、ラジコンヘリコプターや航空写真測量などで正確な図が短時間に作られる。一方、個別の遺構図はまだ「平板」や「水糸」などを使った簡易測量方式で作られるが、図面上は40分の1、20分の1といった縮尺図で書かれる場合が多い。

このように考古学の発掘調査はただ地面を掘っているのではなく、計画的にかつ綿密に実測・測量なども平行して実施されているのだ。

遺跡見学会

発掘調査も終盤に近づいてくると、それまで明らかになった調査の成果を一般に報告する機会として「遺跡見学会」「発掘調査報告会」といった催しが企画される。しかし、発掘調査の原因によってはこのような見学会はせず、各県ごとの「年度遺跡報告会」ですませる場合もある。

一般には、この「遺跡見学会」「発掘調査報告会」の前にマスコミを集めてのプレスリリースと呼ばれる記者発表が実施されるが、ここでは、その遺跡調査のポイントや成果が分かりやすく説明され、貴重な、希な遺構や遺物が発見された場合にはその方面の専門家も併せて紹介される。つまり、あるAという特殊な遺物が出土した場合、遺跡調査側から前もってこのAという遺物の専門研究者B先生に打診があり、記者発表時にはB先生の連絡先も一緒に公表されるのです。新聞の「遺跡記事」に専門家のコメントが掲載されるのは、このような事情による。「遺跡見学会」は土曜日か日曜日に実施されるのが普通だが、これは、小中学生をはじめとして、広く地元の人に「郷土の歴史」を理解してもらう社会教育面での考えが入っているためである。

遺構の発見が新聞で大きく報道されたりすると、遠来の参加者などもあって、発掘現場が大混雑になることもある。1997（平成9）年に三角縁神獣鏡を含む計34面の鏡を出土した奈良県の黒塚古墳の見学会では、小雨の中を何千人もの見学者が訪れ、近くのＪＲ線が臨時列車を出すほどの大イベントとなった。

夏休み中にこのような見学会を開催し、当日小中高生を対象とした「土器づくり」「玉づくり」「発掘調査体験」などを組み入れる工夫をするところもある。

発掘調査報告書

発掘調査が終了すると必ずその調査の結果がまとめられる。考古学が科学的な学問として評価されるのは、この報告書でさまざまな科学的分析が行われるからだともいえる。

一般に、「発掘調査報告書」の体裁は次のようになっている。

①発掘までの経緯

道路建設とか、住宅地造成とか、その原因となった経緯とその原因を作った会社や団体などが明かされる。

②遺跡の周辺

遺跡の所在地、その周辺の地形とか、さらにそれまでに調査された近くの遺跡などから周辺環境に触れる。

③発掘調査の工程

具体的な日程、工程などを記録する。予備調査、第１次調査とか、何回も同じ遺跡の調査をした場合にはここに詳しい日程が書かれる。

④発掘調査の方法

どのような方法で実際調査を実施したかを明記する。

⑤発掘成果

ここが最も重要な部分で、今回の発掘調査でどのような遺構が発見され、どのような遺物が出土したのかを記録する。一般には、時代の古い順から「旧石器時代」「縄文時代」「奈良時代」というように記述する。遺構につては「住居跡」「溝跡」「穴遺構」といった一応のきまりがある。

⑥考察編

今回の調査で判明した内容について、竪穴式住居群の配置状況とか、土器類の分析とか、石製品の分類とか、さらには出土人骨の形質人類学方面からの分析といった細かな研究成果が記載される場合もある。しかし、近年多い発掘会社などの報告書にはこの部分が全くない例もあり、遺跡を破壊しての発掘調査なのに「調査」の名前に値しない事例が増加しているのも現状である。

⑦図版編

土器や石器の図版は遺構と一緒に掲載する場合もあるが、中には図版だけ別に集めて編集する場合と別冊にしてまとめる場合ある。掲載順は「遺構」「遺物」の順になる。

⑧報告書抄録

現在では必ず巻末にこの「報告書抄録」が掲載されている。これには、報告書書名、同ふりがな、編著者者名、編集機関名、問合せ先、発行機関名、発行年月日、所収遺跡所在地、緯度経度、調査面積、調査原因、発見した主な時代、主な遺構、主な遺物、特記事項などが分かりやすい表形式で記載されるが、この抄録をみればこの遺跡の大要が理解できるといってもよい。

このように作成される発掘調査報告書も、遺跡の調査面積、調査期間の長さ、規模などによってその厚さもまちまちで、ときには10～20cmもの膨大な量のものもある。たとえば、滋賀県の服部遺跡の報告書はⅠ～Ⅲまでの3分冊で、1冊がA4版7～8cmの厚さである。

2　遺跡の保存

遺跡の発掘調査は道路建設やマンション建設などの何らかの原因があって実施されることになる。

そのため一般には、発掘調査が終了すると当然のように遺跡は破壊されて、当初の目的である道路やマンションの建設が開始されることになる。中には、工期の関係で遺跡の半分を発掘した後、残りの半分が発掘調査されている間に、先に調査されていた部分に建設工事が着手されるような場合もある。都心にありながら良好な「厚い貝層」が発見された東京都港区伊皿子貝塚遺跡では緻密な貝塚調査のため、貝層調査に入った段階ですぐ際まで超高層ビル（電子計算機センター建設が原因）の建設工事が開始されている状況で進められた。また、名古屋市の保健健康施設を建設するために発掘調査が実施された名古屋市平手町遺跡でも工期をいくつかに分けて、それに併せての調査も併行して実施されたため、ここでも大型工事車両が走る中での発掘という状況であった。

では、どのような場合に「遺跡が保存される」ことになるのだろうか。

第2次世界大戦の敗戦による混乱期が落ち着いた1955（昭和30）年、大阪府のいたすけ古墳が土砂採掘業者の手で土取工事が行われるという事態が生じた。

この頃は、戦後の復興の象徴ともなった「神武景気」が始まった時期でもあり、各地で多くの建設工事が行われていたのである。そのため、必要になった土砂を古墳の盛り土で賄おうという業者が古墳破壊をはじめたと考えられる。この事態を知った地元の多くの人たちが参加しての「いたすけ古墳保存運動」が始まり、マスコミなども参加しての大保存運動となった結果、最終的には保存となった。当時は、まだこのように周辺の人たちが参加しての保存運動で重要な遺跡が守られ、一部だけでも保存されるケースが全国各地でかなりみうけられた。

しかし、1970年代に田中内閣による「日本列島改造論」が喧伝されるようになると、全国での遺跡破壊のペースは急激に上昇して保存される例が極端に少なくなってくる。弥生時代の「方形周溝墓」命名遺跡として有名な東京都宇津木向原遺跡は中央自動車道八王子インター建設工事で発見されたが、今は全く遺跡の面影もない状態である。大量の縄文土偶出土で注目された山梨県釈迦堂遺跡も同じ中央自動車道の建設工事で発見されたが、遺跡自体は破壊されたものの、遺物類は遺跡の近くに設置された釈迦堂パーキングエリア内に「博物館」を併設する形で現在展示されているにすぎない。

このように、遺跡の発掘調査が進捗する過程で重要な遺構や遺物が出てきても、現在ではその90%以上が破壊を前提の「記録保存調査」となっている。つまり、この調査とは遺跡を発掘調査してその成果を『発掘調査報告書』という形で「記録保存」するという意味なのである。遺跡本体は永遠に失われても、その遺跡の記録データが残ることで「保存」されているという理屈なのである。ところが、最近ではこの『発掘調査報告書』も必要最低限の部数のみ作成すれば良いという文化庁からの通達もあり、どんなに発掘調査中マスコミなどで大きく報道された場合でも一般の人が『発掘調査報告書』を目にすることはきわめて難しい状況にもなっている。このままいくと、遺跡と同様に遺跡の記録も永遠に埋没していく可能性が高まっていると言わざるをえない。

そのような中でも多くの研究者による「学問的価値の貴重性」や周辺住民の関心、さらには関係部署の理解があれば、例外的に遺跡が保存される場合もある。近年では、北海道鷲ノ木遺跡のストーンサークル、千葉県井野長割遺跡の環状盛土遺構、三重県天白遺跡の西日本最大級配石遺構群、鳥取県妻木晩田遺跡群の弥生集落、四隅突出墓群などがその例としてあげられる。

ちなみに、2006（平成 18）年に文化庁が集計した各都道府県毎の遺跡数トップ 5 は以下のとおりである。

1 位	千葉県	28,695 カ所
2 位	兵庫県	28,082 〃
3 位	福岡県	23,185 〃
4 位	岡山県	21,928 〃
5 位	鳥取剣	17,739 〃

千葉県は貝塚も 739 カ所あり、これも日本一である。

3　遺跡の史跡整備

保存が決まると、つぎの段階は遺跡自体をどのような価値で登録するかということになる。つまり、保存するほどの歴史的文化財的価値があるかどうかというわけだから、その価値を示す尺度が必要になるのである。市指定史跡なのか、県指定史跡なのか、それとも国史跡なのか。

国の場合には、文化庁内の「文化財審議委員会」という機関に諮問して「国史跡」の指定を受けることになるが、この審議会は年に１～２回しか開催されないので、実際に「国史跡」に指定されるまではかなりの時間がかかることになる。しかし、吉野ケ里遺跡のようにさまざまな事情から驚くべき短い期間で「国史跡」までいった例もある。

保存となった遺跡では、まずその遺跡自体の範囲確認の調査が必要となってくる。古墳ならばその全体の規模、前方部がどこまで広がっているのか、窯跡遺跡ならば窯の数は全部でいくつあるのか、集落遺跡や貝塚遺跡の場合はその範囲はどれぐらい広がっているのか、といった調査が必要になってくる。たとえば埼玉県川越市にある「河越館跡」は平安時代から戦国時代まで約400年間も河越氏が居城した大型武士館であるが、1984（昭和59）年に国史跡指定されたことをうけて2007（平成19）年から確認調査が実施されている。

このような範囲確認の発掘調査が終了すると、今度は整備事業の調査が必要となってくる。保存といっても、全く何もしないで放置しておくわけではないのである。重要な遺構や遺物の出土があったならば、その地点や出土状況を多くの人に分かりやすく、見学公開できるように整備していくことになる。現在、解体問題で騒がれている奈良県高松塚古墳では一般公開のために、当初は本体のすぐ横に全く同じ大きさの「公開用施設」を造り、本体はそのまま保存していたのである。つまり、見学にきた人たちは「レプリカ（本物そっくりに造ったニセ物）古墳」を実は展覧していたのである。

1984（昭和 59）年に 358 本も銅剣が大量出土して注目された島根県の荒神谷遺跡では、現在は出土当時を彷彿とさせるような斜面に「レプリカ銅剣」を置いて、その上に強化ガラスを張って屋外展示としている。最近では、宮城県の里浜貝塚、千葉県の加曽利貝塚、茨城県の上高津貝塚、静岡県の蜆塚貝塚のように、本物の「貝層断面」上を化学凝固剤で固めて屋外展示しているケースも増えている。

復元された古墳はもっと壮大な光景を呈している。兵庫県の五色塚古墳では墳丘部全面に「埴輪類」を並べ、瀬戸内海を往来する船舶からもその雄大な姿をみることができる。大阪平野の中央部に位置する大阪府八尾市の心合寺山古墳も 2004（平成 16）年に復元整備事業が実施され、かつての雄姿がよみがえっている。

復元整備された五色塚古墳

復元整備された心合寺古墳

このように古くからみられた「復元住居」をいくつか造って、遺跡公園や史跡広場にするだけではなく、最近の保存された遺跡ではさまざまな工夫と取り組みが各地でみられる。

4　考古学博物館や資料館の設置

保存された遺跡や古墳などの近くには、それに関連した博物館や歴史民俗資料館が併設されている場合が多い。1970年代後半から、全国で博物館や資料館が建設される動きが出てきたとき、その地方で著名な遺跡や史跡に絡めて建設されるケースが多くあった。また、保存された遺跡の近くにはその遺跡から出土した遺物類や遺構を説明するために施設が建設されていることもある。1968（昭和43）年、当時の国鉄電車基地建設工事にともなう発掘調査で貴重な遺構が多数発見された静岡県の伊場遺跡は、その後保存運動が全国的な大規模運動として行われ、裁判にまで発展したが、結局は破壊された。現在、その旧国鉄基地近くの一角には「伊場遺跡資料館」が建っている。

全国の都道府県には原則として、府立・県立単位の「博物館」が建設されている。それらの博物館では必ず「歴史コーナー」の最初に「原始」分野があり、旧石器から縄文、弥生と時間を追ってその地域の歴史が遺物や遺跡の説明とともに展示されている場合が一般的である。中には、大阪府のように 4 つの府立歴史系博物館をもっている地方公共団体もある（大阪府では財政悪化からこれら府立系博物館の全廃止が提示され大騒ぎとなった）。また、兵庫県や島根県のように近年「新歴史系博物館」を開設した例もある。しかし、大阪府ばかりでなく千葉県のよ

大阪府立近つ飛鳥博物館

九州国立博物館

うに県立系博物館を中央博物館に一本化して人件費抑制を計るなど、近年、各県の文化行政には厳しいものがある。

一方、国立の歴史系博物館は全国に5館しかない。東京国立博物館、国立歴史民俗博物館（千葉県佐倉市）、京都国立博物館、奈良国立博物館、国立民族学博物館（大阪府吹田市）、そして最も新しく福岡県に開設された九州国立博物館である。しかし、これらの国立博物館も2003（平成15）年から「独立行政法人」という財政的には独立した機関、外郭団体となっているため、どうしても収益事業を盛んにおこなうことが要求されているのが現実である。

多くの博物館に「ミュージアムショップ」と呼ばれる売店スペースが必ず置かれている。ここでは、博物館で過去に開催された「特別展」「企画展」などの図録をはじめ、関連書籍、絵葉書、しおり、さらには関連グッズ類も販売されている。旧石器関係の特別展だったら、さまざまな原石類を使った「イヤリング」「ネックレス」「ネクタイピン」などの宝飾品や「化石類」そして、「縄文クッキー」「米せんべい」など食品に至るまで多種多彩の品物が並べられている。東京国立博物館ではこの「ミュージアムショップ」が地下１階の全スペースを占めて展開されている。また、群馬県安中市のふるさと学習館では地元の特産物販売ギャラリーも兼ねてスペースを別に設けている工夫をしている。

また、現在各地の博物館などでは文部科学省からの指示で「指定管理者制度」導入が推進されている。これは、一言でい

長野県立歴史博物館

えば「民間活力導入事業」で、博物館などの運営を一括して民間企業に肩代わりさせようとする方針である。つまり、〇〇市立博物館の看板のまま、そこで働く人たちや運営を ×× 株式会社が請け負うというシステムと考えれば分かりやすいだろう。市立なのに市の公務員はごくわずかしかいないということである。発掘調査に民間企業が入ってきているのと同じ構図が現在博物館の現場でも起こってきているのである。もちろん、民間企業であるから営業業績を上げ、利益を生まなければなりたたない。今後、こうした方向性がどう展開していくのか注視されよう。

あとがき

今世紀に入り、我が国の「高齢化」ほ急速なスピードで進んでいる。65 歳以上の高齢者が人口の 25% 以上を占める時代もまもなくといわれている。

その一方で、この世代こそが学問的な「探求心」も「知識欲」も高く、ここ数年「団塊世代のリタイア」後、各地のカルチャーセンターなどの「学問」「知識部門」での受講者が顕著な増加を示している。

遺跡の見学会やシンポジウムでも会場の 7 ～ 8 割がこの世代の人たちで占められている。講演後の質問タイムになると、臆することなく各所で手が挙がり、その質問内容も高度で精緻な内容であることも多く、壇上の研究者、講演者が立ち往生？する場面も見受けられほどである。

本書述べてきた「遺跡」「遺物」「考古学」の魅力にはまだまだ底知れぬ解明の謎が存在している。「邪馬台国の謎」はその代表的なものであるが、それ以外にも「縄文土器ははたして本当に世界最古なのか」「古墳はどのようにして発生したのか」「騎馬民族は本当に日本を征服したのか」「法隆寺の再建・非再建論争はどうなったのか」そして、最近では「弥生時代は本当に 500 年も古くなるのか」といった問題も脚光をあびている。

このような謎を考えるうえでも、先に述べた世代の方々にこそ、ぜひとも本書を読んでいただき、改めて遺跡見学会やシンポジウムなどに足を運んでいただきと思う。

本書の終わりにあたり、東日本大震災で崩落した考古学研究室の2000冊以上の本を復旧してくれた東邦考古学研究会の会員OB・OG諸君、また日頃よりご指導いただいている梅咲直照氏、また本書執筆に当たって何かと面倒をかけた山岸真美子、茉梨果、良考たち家族にもお礼礼申し上げたい。

2011年5月

大震災から2ヶ月

山岸良二

市民の考古学⑨
日本考古学《にほんこうこがく》の現在《いま》

執筆者紹介

山岸良二（やまぎし　りょうじ）

1951年　東京都生まれ。
1975年　慶應義塾大学大学院修士課程修了。
現　在　東邦大学付属東邦中高等学校教諭。
主な編著書
『方形周溝墓』『古代日本の稲作』『原始・古代日本の墓制』『科学はこうして古代を解き明かす』『入門者のための考古学教室』『縄文人・弥生人101の謎』『邪馬台国を知る事典』『文化財を探る科学の眼』『古代日本を知る事典』『関東の方形周溝墓』『邪馬台国事典』『考古学のわかる本』等多数。

2011年6月5日発行

著　者　山　岸　良　二
発行者　山　脇　洋　亮
組　版　㈱富士デザイン
印　刷　モリモト印刷㈱
製　本　協栄製本㈱

発行所　東京都千代田区飯田橋4-4-8
（〒102-0072）東京中央ビル　㈱同成社
TEL　03-3239-1467　振替　00140-0-20618

©Yamagishi Ryoji 2011. Printed in Japan
ISBN978-4-88621-563-5 C1320

同成社の考古学書

プロにもプロでない人にもわかりやすく面白い。

市民の考古学 シリーズ

① ごはんとパンの考古学
藤本　強著　四六判 194頁 定価1890円

② 都市と都城
藤本　強著　四六判 194頁 定価1890円

③ ホモ・サピエンスの誕生
河合信和著　四六判 210頁 定価1995円

④ 考古学でつづる日本史
藤本　強著　四六判 194頁 定価1890円

⑤ 倭国大乱と日本海
甘粕　健編　四六判 146頁 定価1575円

⑥ 考古学でつづる世界史
藤本　強著　四六判 186頁 定価1890円

⑦ 日本列島の三つの文化 北の文化·中の文化·南の文化
藤本　強著　四六判 194頁 定価1890円

⑧ 遺跡と観光
澤村　明著　四六判 160頁 定価1680円